Hábitat para la emergencia social y ambiental

Barrio Santa Rosa de Lima
Ciudad de Santa Fe
República Argentina

Hábitat para la emergencia social y ambiental: barrio Santa Rosa de Lima, ciudad de Santa Fe /
compilado por Jorge Sarquis - 1a ed. - Buenos Aires: Nobuko, 2009.
176 p. : il. ; 21×15 cm. - (Hábitat para la Emergencia Social y Ambiental / Jorge Sarquis)

ISBN 978-987-584-208-3

1. Urbanismo. I. Sarquis, Jorge, comp.
CDD 711

DIRECCIÓN SERIES EDITORIALES
Jorge Sarquis

COORDINADORES SERIES EDITORIALES
Víctor Álvarez Rea

DISEÑO SERIES EDITORIALES
Karina Di Pace

Hecho el depósito que marca la ley 11.723

ISBN: 978-987-584-208-3

Abril de 2009

Hábitat para la emergencia social y ambiental

Barrio Santa Rosa de Lima
Ciudad de Santa Fe
República Argentina

Centro de Investigaciones Interdisciplinarias
sobre Creatividad en Arquitectura | SI | FADU | UBA

nobuko

*Este libro fue posible gracias a los
subsidios UBA (2001-2003 / 2004-2007)
que apoyaron la Investigación Proyectual
del Centro POIESIS en la FADU*

Índice

II. Relevamiento desde las Ciencias Sociales

III. Concurso de anteproyectos

Investigación proyectual del hábitat para la emergencia social y ambiental

LA INUNDACIÓN EN 2003 DEL BARRIO SANTA ROSA DE LIMA EN LA CIUDAD DE SANTA FE

Autores

Director
Jorge Sarquis, Dr. Arq. FADU-UBA.

Coordinador
Federico Eliaschev, Arq. Becario Maestría FADU-UBA y doctorando. Adjunto Materia Electiva Investigación Proyectual FADU-UBA. Director de pasantes de la Investigación.

Colaboradores
Martín Ferraro, becario estudiante y docente Materia Electiva Investigación Proyectual, FADU-UBA.
Marina Mazzocchi, pasante y docente Materia Electiva Investigación Proyectual, FADU-UBA.

Asesores en Urbanismo
Luis Ainstein, Arq. Magíster P.U.
Rómulo Pérez, Arq. Magíster P.U. y doctorando.

Asesores en Ciencias Sociales

Alicia Londoño, Dra. en Antropología.

Teresa Oliveri, Lic. en Psicología Social y doctoranda en Psic. Social.

Pasantes

Pablo Lionti, Guadalupe Giocoletto, Federico Kuledjian, Ignacio Vásquez Curiel, Esteban Prestía, Julia Sibemhart, Diego Choque, Luciano Canisa, Josefina Picirilli, Cecilia Lumma, Leandro Capetto, Martin Álvarez, Gala Traversa, Florencia Crespo, Ana Badowsky, son dirigidos por Federico Eliaschev desde la materia electiva *Investigación Proyectual*, FADU-UBA, 2006 y 2007.

Datos institucionales

Unidad Académica

Centro POIESIS, Secretaría de Investigación, Facultad de Arquitectura, Diseño y Urbanismo, Universidad de Buenos Aires.

La Investigación para ser realizada tuvo el Subsidio UBACYT 2004 / 2007.

Contó con el apoyo por Convenio de Cooperación con la Facultad de Arquitectura de la Universidad Nacional del Litoral y la Oficina de Planificación Urbana del Municipio de la ciudad de Santa Fe.

Fecha de culminación: 20 de diciembre de 2007.

Prólogo

JORGE SARQUIS

En marzo del 2003, la ciudad de Santa Fe sufrió una catástrofe de proporciones inusitadas. La temida inundación Centenaria del Salado, límite Oeste del área más urbanizada de la ciudad, superó unas defensas incompletas en la zona alta de la misma y penetró a la altura del Hipódromo dejando las zonas más bajas a merced del aluvión inesperado, alcanzando los techos de las viviendas, dejando a muchos de sus habitantes encerrados en las mismas, y funcionando la defensa de la avenida de circunvalación como un dique de contención para la salida del agua.

El suceso conmocionó al país, pues el cambio climático y las temidas, impredecibles e incontrolables inundaciones cíclicas de los ríos que bordean las ciudades es un tema sensible a todo el planeta.

En estas condiciones la FADU-UBA, nos otorga un subsidio para que nos ocupemos –mediante una Investigación Proyectual– de la terrible situación en que se encuentran los habitantes de la zona afectada por el meteoro.

La Facultad de Arquitectura de la Universidad Nacional del Litoral, indicó que el barrio más castigado era Santa Rosa de Lima, con una población de 17.000 habitantes de bajos recursos y con algunos asentamientos informales al modo de villas miserias. Si bien hay algunas ONG y el propio Municipio que se estaban ocupando del asunto, una intervención de especialistas de la UBA fue bienvenida.

Objetivos generales y específicos

El objetivo de la Investigación Proyectual fue la realización de un Master Plan de reconstrucción del área afectada y una serie de alternativas proyectuales de viviendas colectivas en polígonos aptos para tal fin, que se entregaron a las autoridades técnicas del municipio. Se realizaron estudios previos de condiciones de posibilidad en tres niveles y plazos fundamentales, que se detallan más adelante.[1] Fue necesario realizar previamente los siguientes estudios:

a. Conocimiento de las condiciones físicas y sociales existentes

Se realizó un relevamiento del estado actual del territorio, señalado por los especialistas locales, en dos niveles:

I. El conocimiento de la situación en el sitio afectado en relación a toda la estructura de la ciudad, relatada por el cuerpo técnico municipal que nos brindó la información requerida, al igual que otros organismos del Estado; en

---

[1] Todo el material de planos y dibujos de los tres plazos de intervención se encuentran preparados para generar un libro de la *Colección HESA (Hábitat para la Emergencia Social y Ambiental)* de POIESIS, junto con la editorial Nobuko.

el mismo sentido colaboró la Facultad de Arquitectura de la UNL.

II. Visita y recorrido del sitio en reiteradas oportunidades con los asesores en inundaciones urbanas, los especialistas en asuntos relativos al impacto psicosocial del meteoro y, finalmente, por los arquitectos del Centro POIESIS que realizaron los proyectos de la Investigación Proyectual aquí sintetizada y cuya expresión completa se encuentra en la documentación entregada al Municipio.

b. Estudio de la relación urbana existente entre Santa Rosa de Lima y la ciudad

I. Se realizó un estudio de las condiciones en que se encontraba la ciudad respecto de sus defensas que, a la altura del hipódromo y por causa de una obra inconclusa, viabilizaron el desastre hidrológico por la superación del nivel de las mismas, según datos oficiales y de la prensa local y nacional. Para dicho estudio se solicitó la colaboración del arquitecto y urbanista Luís Ainstein y del especialista en inundaciones y planificador Arq. Rómulo Pérez. Ambos informes acompañan el documento final.[2] Aquí se instala un debate reconocido ante circunstancias similares entre normativistas y estructuralistas, cuestiones no saldadas sobre cómo abordar las inundaciones. Defensores los primeros del establecimiento de normas sobre la ocupación del territorio en sectores altos de la ciudad; es una muy buena idea y además correcta, pero impracticable porque los buenos

---

[2] Dada la extensión del mismo, Rómulo Pérez ha entregado una síntesis de 9 páginas, sobre un original de 40.

suelos son escasos y no son para las familias de pocos recursos que habitan las áreas bajas de la ciudad. Los segundos son los que apuestan a la construcción de defensas, tienen la ventaja que detienen el fluir de la inundación pero su invulnerabilidad no es definitiva, suele fallar como ocurrió en 2003 porque su incompletud estuvo basada en la creencia que el agua nunca llegaría a esa altura del mapa de la ciudad.

II. El estudio psicosocial y antropológico de la situación de los afectados, acentuó el interés por el relevamiento de las significaciones sociales imaginarias que condicionan la proyectualidad futura, que es de fundamental importancia para conocer el material humano con que se está trabajando. Se convocó a la Dra. en Antropología Alicia Londoño y a la Lic. en Psicología Social Teresa Oliveri para realizar un necesario trabajo de campo. Ambas, colaboradoras del Centro POIESIS en otras investigaciones, realizaron los informes que se adjuntan en el documento definitivo y que comprende el capítulo 2 de este libro. La utilidad que prestó resultó altamente importante para comprender el modo de operar con la población, que fue necesario hacer participar en el proyecto y verificar la hipótesis de su resistencia a la relocalización.

III. Se realizó un relevamiento de la edilicia existente en el barrio afectado, su estructura urbana, sus principales vías de conexión y del Master Plan o Plan de Reordenamiento Urbano Municipal. Se efectuó un diagnóstico del estado previo y posterior a la inundación en redes de infraestructura: viaria, desagües cloacales y pluviales, sanitaria, electricidad, gas, recolección de residuos, transporte público. Se atendió al estudio del tejido del hábitat, vivienda y equipamientos colectivos urbanos, y el impacto en la reducción de la absorción del agua de lluvias e inundaciones. En éstos temas nos fue de gran ayuda la colaboración de los estamentos técnicos y de especialistas municipales, especialmente la del Arq. Aldo López Van Oyen.

c. Propuestas de alternativas proyectuales de reconstrucción del área afectada

Aquí la Investigación Proyectual hace aparecer las propuestas mediante configuraciones formales a nivel de los equipamientos urbanos y tejidos de viviendas, a los efectos que la sociedad y los organismos pertinentes midan su validez y eficacia para ser llevados adelante. Se proponen diferentes tamaños de intervención y plazos de ejecución de los mismos.

Metodología utilizada. Etapas y alcances pretendidos en cada una de ellas

Propuesta de la Investigación Proyectual

En posesión de estos aspectos singulares para comprender el problema a enfrentar y con el bagaje de los conocimientos del modelo teórico de la Investigación Proyectual[3] y la experiencia realizada en la Investigación Proyectual realizada en el Barrio Villa El Monte, Quilmes,[4] se realizó el trabajo general que aquí

---

[3] SARQUIS, Jorge: *Itinerarios del Proyecto*. Tomos I y II. Tesis Doctoral. Se configura aquí el modelo teórico, metodológico y técnico de la Investigación Proyectual en 2003, que guía todas las investigaciones.

[4] SARQUIS, Jorge: *Hábitat para la emergencia social y ambiental. Villa el Monte, Quilmes*. Ed. Nobuko, Buenos Aires, 2008.

se relata a manera de síntesis del documento elaborado en más de 300 páginas.

El arquitecto becario UBA de Maestría Federico Eliaschev asume la coordinación de los pasantes que, bajo su dirección, se abocan a producir tres tipos o niveles de tareas proyectuales:

I. *El largo plazo y gran tamaño*. La realización de un Master Plan para el área específica de Santa Rosa de Lima como una manera de conocer el sector afectado y proponer acciones de largo plazo: grandes infraestructuras, rol del barrio en la ciudad, realización del Parque Urbano con el Reservorio de Agua, Mercado de Frutos ciudadano que ya se proyecta como inundable. Proyectos urbanos en el borde Este y Oeste del Reservorio.

II. *El mediano plazo e intervenciones de tamaño medio*. Realización de proyectos en conjuntos de viviendas colectivas con nuevas y diferentes tipologías. Relocalización endógena, con estudio de tejido en el mismo barrio, con esponjamiento y liberación de suelo urbano. Relocalización exógena, con definición de lotes o polígonos de suelo posible de construcción; multifamiliares con nuevas Unidades de Convivencia, viviendas trabajo, y anteproyectos que superan las conocidas tipologías de torres, tiras, bloques, de conjuntos de viviendas.

III. *El corto plazo y las pequeñas intervenciones*. La realización de proyectos de aplicación para la defensa inmediata de la población en caso de nuevas inundaciones, como los refugios para albergar habitantes inundados en sus domicilios y que el resto del tiempo se usarán para actividades comunitarias. La configuración de un circuito seco –tal como el que se aplicó en Quilmes para las áreas inundadas– como forma de salvar las comunicaciones de la población cercada por el agua para acceder a la ciudad formal. El diseño de artefactos móviles para la solución inmediata ante la presencia inesperada de la inundación.

El detalle de lo realizado en cada uno de los niveles se muestra en sus representaciones gráficas específicas y aquí se incorporan algunas muestras.

Resultados o conclusiones más trascendentes obtenidos.

El resultado principal de toda investigación es la producción de conocimientos, y en el caso de una investigación proyectual los resultados deben leerse y medirse en términos de proyectos, pero como no tenemos esta posibilidad aquí, se han presentado algunas imágenes de las propuestas de las tres fases. De modo general se ha comprobado que la Investigación Proyectual, como herramienta propia de los arquitectos para producir conocimientos, ha resultado eficaz y ésto para la actividad proyectual e investigativa disciplinar lo consideramos de vital importancia.

En esta síntesis se han desgranado los temas tratados y podemos señalar como avances en el conocimiento:

I. La utilización del circuito seco –conocimiento proyectual producido en la Investigación Proyectual realizada en la ciudad de Quilmes– que aquí se presenta a la altura de los techos de las viviendas.
II. Master Plan con definiciones del Parque de la Ciudad con deportes, Mercado de la Ciudad, Reservorios para deportes acuáticos, incorporando la idea de proyectar

con la inundación y no contra la inundación, dada la recurrencia del fenómeno.

III. Anteproyectos de Investigaciones Proyectuales para conjuntos de Viviendas Colectivas que alberguen nuevas Unidades de Convivencia, según Censo el Santa Fe del año 2000. Estas configuraciones innovan en nuevas organizaciones espaciales alternativas a las tipologías conocidas. Este es quizá el mayor avance y conclusión más trascendente de la Investigación.

Próximos pasos: 2008 / 2010

La UBA nos ha otorgado un nuevo subsidio *2008-2010* para dar continuidad a esta Investigación Proyectual extendiendo, no sólo el sector más afectado por la catástrofe, sino también gran parte de la costa Oeste de la ciudad de Santa Fe.

Este modo de dividir el territorio de la ciudad es producto de su propia estructura, que tiene dos costas dominantes en la división territorial de su espacio urbano. Esta división del territorio indica también la distribución de la riqueza en el mismo. En la costa Este, donde se sitúa el antiguo puerto, se ha constituido una corporación mixta entre inversiones privadas y públicas para crear una múltiple oferta de actividades de alta rentabilidad.

La costa Oeste, vecina al Río Salado, es de bajos niveles de ingresos y fue la más castigada por la inundación. Esta propuesta aspira a elevar la calidad física del entorno construido, para elevar la calidad de vida de sus habitantes y para apoyar al Estado en el intento de organizar a la población más carenciada de la ciudad.

I.
Proyectos de Arquitectura

1. Investigación Proyectual en Santa Rosa de Lima, Santa Fe

FEDERICO ELIASCHEV | INFORME FINAL DE BECA DE MAESTRÍA

Consideraciones del urbanismo

Introducción[5]

La ciudad de Santa Fe se ubica entre las cuencas relativamente próximas de dos cursos fluviales de importancia: el Paraná hacia el este y el Salado hacia el oeste.

Tanto por sus grandes volúmenes de escurrimiento y por la circunstancia de que el río Salado resulta tributario del otro, debe valorarse dicha zona como de carácter altamente sensible.

Desde el punto de vista de las circunstancias altimétricas la ciudad ubica su eje longitudinal en el sentido norte-sur, sobre el que tienden a concretarse los valores más elevados disponibles en el espacio ínter fluvial. A partir de tal eje se despliegan curvas de nivel someramente descendentes en rumbo Este hacia la cuenca

---

[5] Esta Introducción toma como referencia las aproximaciones realizadas por el Arq. Luis Ainstein en su informe urbano realizado en 2006.

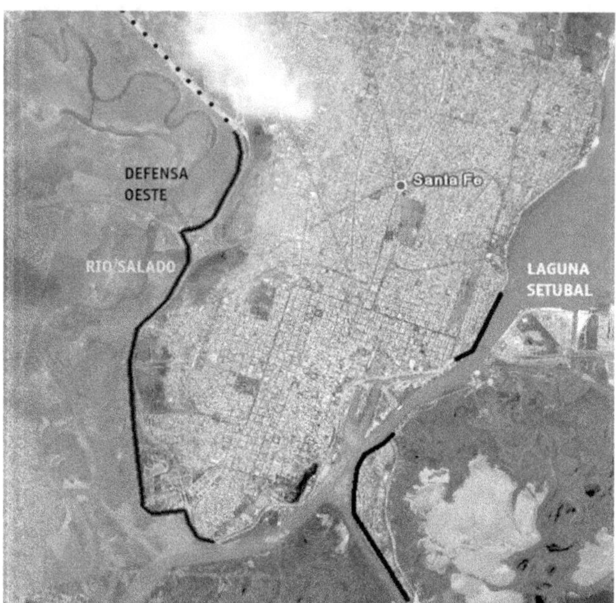

IMAGEN SATELITAL DE LA CIUDAD DE SANTA FE

del Río Paraná, en cuyo frente se encuentra construida una defensa de gran entidad y desarrollo cuyo coronamiento se concreta en la cota de 9,00 mts (en relación a la escala de referencia del puerto de la ciudad), cota 17,00 mts respecto de nivel del mar.

Hacia el Oeste, en el rumbo del cauce del Río Salado del Norte, el gradiente altimétrico desciende de manera mucho más abrupta y constituye, por tanto, el ámbito de escurrimiento pluvial de una proporción no menor al de la mitad del total de la planta urbana.

También en ese frente se ha construido un talud de defensa, recientemente completado y extendido en el rumbo Norte, con la misma cota de remate que la anteriormente mencionada, con vistas a configurar una barrera al ingreso de las aguas de crecidas del mencionado río.

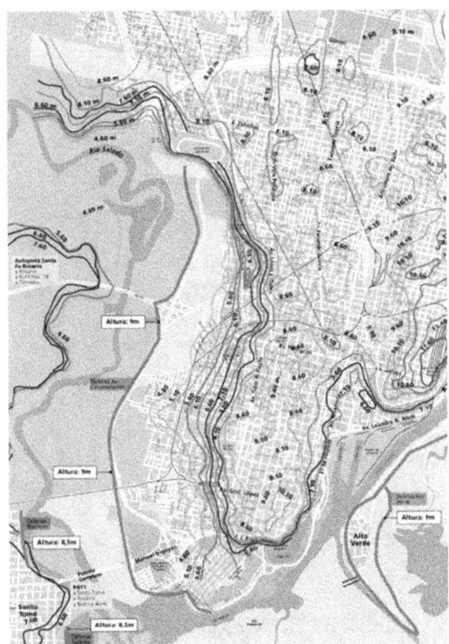

PLANO DE LA CIUDAD DE SANTA FE CON LA SITUACIÓN DE LOS TALUDES DE DEFENSA

Pero por las circunstancias topográficas señaladas ha resultado constituido un sumidero pluvial, y de aguas servidas, de significativa extensión, al pie del lado Este de tal defensa, cuya dinámica hidráulica resulta también asociada a la de la napa freática, posicionada habitualmente en un nivel muy cercano al de la superficie del suelo. Es decir que la franja Oeste de la ciudad se encuentra sometida, desde el punto de vista hidráulico, a una triple demanda a saber: a) la relativa a los desbordes del Río Salado, y a la relación de éste con la cuenca Paraná, de la que es afluente a la altura del borde Sur de la ciudad; b) la que surge por el escurrimiento hacia esa zona de las aguas de lluvias y c) la relativa a los aportes de la napa freática.

Como consecuencia, toda la banda del Oeste urbano opera en condiciones hidráulicas extremas, tanto por calidad como por cantidad.

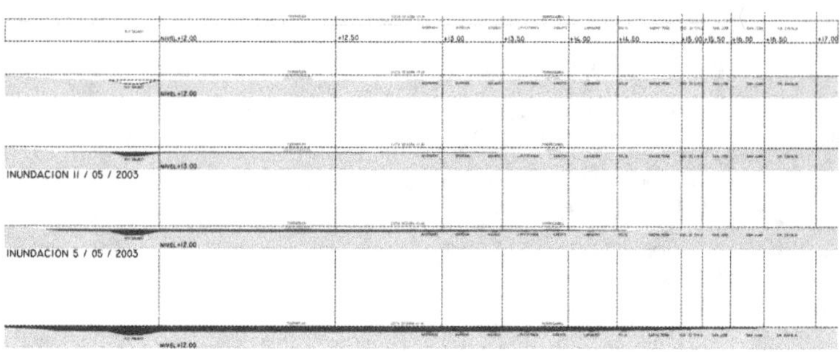

CORTE ESQUEMÁTICO DE LAS INUNDACIONES DE ABRIL Y MAYO DE 2003

A esta situación debe añadirse que además del flagelo de las inundaciones cíclicas éste área de Santa Fe padece carencias de todo tipo como la gran cantidad de asentamientos precarios de nuestro país.

Esto es, deficiencias en los sistemas sanitarios fundamentalmente materializados en la ausencia de drenajes cloacales y pluviales, pozos negros mal construidos, precariedad edilicia, deficiencias en el sistema de recolección de residuos, viviendas sin ventilación hacinadas en los centros de manzana, entre otros problemas vinculados al hábitat. Y también problemas sociales vinculados a la situación de marginalidad que atraviesan estos barrios, como delincuencia, drogadicción, violencia familiar, etc.

Situación actual del barrio [6]

Territorio

PERMANENCIA DEL AGUA. Santa Rosa de Lima registró una importante permanencia de agua de aproximadamente 26 días en algunos

---

[6] Sobre la base de los estudios y aproximaciones realizados por el Mag. Arq. Rómulo Pérez, y

sectores, que se vio agravada por los fuertes límites físicos del área materializados por los terraplenes de las vías del ferrocarril y de la Av. de Circunvalación que impidieron el rápido escurrimiento. Esta situación ocasionó los principales daños físicos relevados de las viviendas e instituciones barriales.

Esquema de afectación de la inundación. En este punto las defensas actuaron como trampa de agua y fue necesario realizar explosiones en las mismas para permitir el drenaje del agua.

Cotas. El crecimiento del barrio producido a partir de la progresiva ocupación de las zonas de bañado del río Salado,[7] determinó una implantación en cotas bajas entre 13 y 11 aproximadamente. De este modo, si analizamos la propuesta de línea roja de riesgo definida a partir de la cota 13,50 correspondiente a la ley Nº 11.730 de marzo del 2000, el área del barrio que ésta delimita es superior al 70% del mismo. Asimismo, si lo analizamos en relación a la ciudad en su conjunto, esta línea no incorpora el total del área afectada por la crecida última del río Salado, que se ubicaría en la cota 17 aproximadamente.

Por otro lado, en el barrio esta línea tampoco se corresponde con la zona definida como inundable por el anegamiento originado por lluvias intensas y falencias registradas de desagües pluviales que afecta el área de borde aproximadamente en la cota 12.

Suelo. Las precarias características de composición del suelo dada por la heterogeneidad en el material de relleno (basura, tierra y escombros), provoca tanto una escasa absorción en el mismo como una limitada capacidad portante. (Podría profundizarse con un estudio o de suelos: UTN u otros).

---

su síntesis para el taller proyectual de 2004 *Proyecto Urbano y vivienda social en Santa Fe*. Podrá leerse el informe completo de Rómulo Pérez en <www.centropoiesis.org>.

[7] Podría incorporarse un estudio hidrológico que especifique cuestiones relativas al crecimiento del río y demás.

ESQUEMA DE LAS EXPLOSIONES EFECTUADAS

SECTOR AFECTADO ENTRE TERRAPLENES

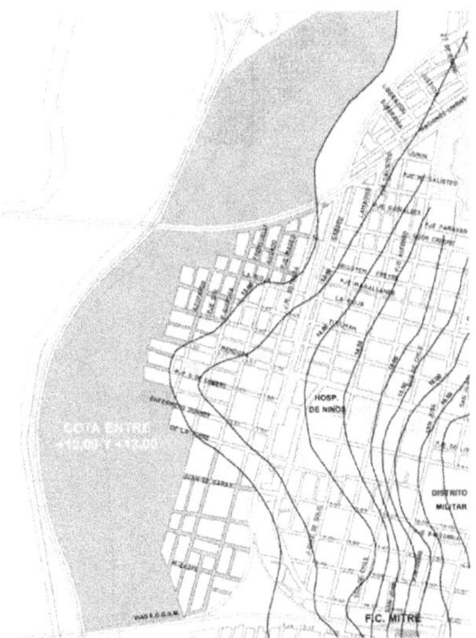

CORTE ESQUEMÁTICO DE LAS INUNDACIONES DE ABRIL Y MAYO DE 2003

EVOLUCIÓN URBANA .[8] La conformación del barrio se inicia a principios del siglo XX,[9] y en su posterior crecimiento podemos distinguir estrategias de expansión urbana diferenciadas donde se
sucede la auto urbanización y autoconstrucción con claras estrategias de ocupación del territorio por parte del Estado, ya sea a
través de planes de vivienda o la implantación de diversos equipamientos comunitarios, como a partir de las diferentes instancias de regularización dominial implementadas para los loteos
estatales del área. Asimismo la inercia estatal de los últimos años
significó un crecimiento notorio de la zona de borde, sin que ha-
yan existido políticas que "regularicen" su existencia en términos

[8] Ver articulación Chirola <ccfd/ relevamiento 2003/ urbano/ planta urbana 2>.

[9] El registro en el mapa base de 1912 de las primeras manzanas de Santa Rosa de Lima, y que
se suceden en los siguientes de 1925 y 1935, indica una "permanencia" del dato durante un largo periodo de tiempo, que permite plantear la presunción del crecimiento de la trama sin que se
haya registrado ni mensurado la misma. Ver COLLADO-BERTUZZI, *Documentos de trabajo*.

LA PAVIMENTACIÓN DE UNA ARTERIA IMPORTANTE COMO LA CALLE MENDOZA —SOBRE COTA INUNDABLE— PRODUJO DENSIFICACIÓN URBANA.

dominiales y catastrales. Además fue el estado quien a partir de ciertas obras infraestructurales –avenida de circunvalación, conexión con Mendoza– aceleró aún más la expansión "espontánea" de suelo urbano.

Infraestructura y servicios

Red viaria. Las calles se encuentran pavimentadas en un porcentaje muy bajo, ésto contribuye, combinado con la deficiencia de los desagües, al anegamiento y al difícil acceso de camiones recolectores de basura. También dificulta el tránsito. Por otro lado, la presencia de la avenida de circunvalación y su conexión con calle Mendoza –la primera desarrollada en una cota inferior a la del terraplén, y la segunda a partir de sucesivas diferencias de nivel entre lo construido, el trazado previo de la calle, la diferencia de cota con la avenida y la coincidencia entre traza y pendiente– materializan una "canalización" que en el momento de la inundación provocó una derivación rápida del agua del Salado hacia el interior del barrio. La pavimentación de la calle Mendoza produjo la densificación residencial en la proximidad de la defensa sobre cotas inferiores a los 13 mts.

RED DE DESAGÜES PLUVIALES. La falta de continuidad de las zanjas imposibilita el adecuado escurrimiento del agua de lluvia al no actuar como un sistema en forma de red hacia los desagües troncales. Cada manzana es estanca, y son inexistentes los cruces de calles –alcantarillas–. Las zanjas actúan como reservorios del agua de lluvia, de las aguas grises de las viviendas y de la basura. Cada vecino, frente a su lote, resuelve en forma individual el desagüe y el acceso a su vivienda, lo que impide la definición de un trazado continuo y eficiente. Esta situación se repite para las veredas resultando ser discontinuas y desniveladas. También se registra que la calle Mendoza, al coincidir su traza con la pendiente, suele funcionar como un canal para el desagüe. Las condiciones actuales del reservorio en cuanto a su dimensión y el dudoso funcionamiento de las estaciones de bombeo plantean la necesidad de repensar el sistema de desagües para su optimización.

RED SANITARIA. La provisión de agua potable se realiza con ciertas deficiencias por la red pública. La presión es menor a la necesaria y la tarifa no se ajusta a la capacidad de pago del sector. La mayoría de las viviendas del borde no tienen agua en el interior de la misma, llegando la red en forma precaria al terreno. En lo que respecta a la calidad del agua, teniendo en cuenta la posibilidad de contaminación de la red por roturas a partir de la inundación, se realizó un control basado en un análisis microbiológico que confirmó el cumplimiento de los parámetros de calidad bacteriológica del agua para uso doméstico.

La cobertura del servicio de cloacas es muy parcial. Se extiende solamente en la zona norte alcanzando el sector de la vecinal Estrada. Pero dicha extensión se realizó sin considerar la real posibilidad por parte de los habitantes de asumir los cargos de su tendido, así como el incremento tarifario que implica el servicio, al no estar contemplado en el contrato la Tarifa Social.

La eliminación del agua servida se realiza en la mayoría de los casos a pozos negros sin cámara séptica. La inundación afectó las condiciones de estos pozos al subir considerablemente el nivel de la napa y disminuir la absorción del suelo, produciéndose situaciones de desbordes y desmoronamientos. Teniendo en cuenta que la privatización del servicio de agua potable y desagües cloacales significó para la gente del barrio un retroceso en el acceso a estos servicios esenciales (marcado por el paso del "subsidio implícito" dado por las conexiones informales al empadronamiento masivo, la imposibilidad del pago de la tarifa y del acceso a nuevas redes, la sistemática presión al corte, al embargo de bienes, etc.), se considera que la actual situación de vulnerabilidad profundiza esta problemática y anula la capacidad para enfrentar el saneamiento con mejores métodos, aumentando la potencial situación de riesgo sanitario.

RED ELÉCTRICA. La situación del tendido eléctrico se plantea como una situación peligrosa, tanto a partir de la presencia de la subestación transformadora y la consiguiente existencia de cables de alta tensión en el barrio, como el "enganche" a la red realizado por los vecinos. Estos últimos se vieron afectados en su totalidad a partir de las inundaciones pero están siendo reinstalados a partir de la vuelta de las familias a sus viviendas. La EPE realizó, a partir del regreso de las primeras familias, la reinstalación de las conexiones domiciliarias –con el aporte de los elementos necesarios por parte de cada familia–, sin embargo en gran parte del barrio esta reconexión quedó a cargo de los mismos vecinos que se engancharon con las características de "precariedad" que esto implica.

RED DE GAS. En el barrio se registró la presencia de un gasoducto de alta presión, aunque no la extensión de la red en el mismo.

RECOLECCIÓN DE RESIDUOS. La inundación provocó el aumento considerable del volumen de desechos que se acumulan en las calles lo cual, ante la falta de limpieza rápida, aumenta las quemas y la incorporación a la recolección informal de vecinos y "cirujas", que compromete aún más la situación de precariedad y de riesgo sanitario.

Tejido

Se distingue un gran sector compacto, homogéneo, consolidado en el tiempo a partir de la ocupación progresiva del lote. También se encuentran manzanas particulares o atípicas que se constituyen a partir de planes de vivienda o por la presencia de instituciones. La ocupación progresiva del lote se evidencia a partir de los diversos tipos de construcciones, desde la vivienda más consolidada de material a la construcción más precaria, manifestándose viviendas incompletas (en construcción indefinida), y otras antiguas con escaso mantenimiento. La actual condición de densidad del tejido determina la imposibilidad de la expansión en planta baja, quedando escasos vacíos que permitan nuevos crecimientos. No se adopta como estrategia de crecimiento la edificación en planta alta. Se verifica la práctica de marcar el límite del lote individual, hacer subdivisiones interiores de los lotes, aun en la zona de crecimiento hacia el bañado. El crecimiento del barrio hacia el bañado, al desarrollarse en forma espontánea, va definiendo la "ruptura" de la trama. Lo que se pierde es la referencia de la manzana, la ortogonalidad. Sin embargo el tejido continúa siendo compacto, densamente ocupado, apareciendo tanto viviendas consolidadas como precarias en la materialización de lo construido. Este crecimiento del borde se incrementó después de la inundación con el asentamiento de nuevas viviendas muy precarias.

IMAGEN SATELITAL DEL BORDE

No se registran grandes espacios vacantes, tan solo pequeños espacios intersticiales, residuales. Pueden destacarse la manzana frente a la plaza (futuro emplazamiento de la nueva iglesia), el triángulo de las vías, las manzanas del Arzobispado sobre la calle Lamadrid y el área del bañado. Se destaca dentro del panorama general, el sector de las manzanas bajas que bordea el 18, por presentarse como una situación especialmente compleja para su resolución, teniendo en cuenta la presencia de un bañado en el corazón de la manzana.

EQUIPAMIENTO. Los daños materiales que los diferentes equipamientos barriales evidencian luego de la inundación, impiden el funcionamiento de los mismos en sus sedes originales lo cual implica en algunos casos un provisorio traslado a otros centros (escuelas, dispensario), y en otros una interrupción de actividades (caf, sep, casita de la mujer), siendo muy pocas las instituciones que al menos parcialmente retornaron a sus actividades (ciame/micro-hogar, asociación pensionados 5110). En cuanto al espacio público, la plaza Arenales se vio notoriamente afectada

BAÑADO EN SECTOR DE MANZANAS BAJAS

en la catástrofe, y su actual actividad entrecruza el funcionamiento recreativo con la presencia de dos casillas o *dispensarios ambulantes* en el borde Este de la misma que resuelven las necesidades de atención primaria de la salud en el barrio. Se registró también la ocupación precaria de espacios públicos a partir de los últimos asentamientos que condicionan aún más la escasez de espacios públicos verdes y de esparcimiento.

Ambiente

Los efectos de la inundación por el desborde del río Salado agudizaron las problemáticas ambientales que, por el gran impacto, se manifestaron en todo el barrio afectando a toda la población e incorporaron la necesidad de sumar la gestión del riesgo a la gestión urbana. Todos los elementos analizados se condicionan y potencian unos con otros, constituyendo una problemática compleja.

La cantidad y calidad de basura originada por la inundación agudizan la problemática de los residuos sólidos dada por el deficiente e inadecuado servicio de recolección y la presencia de basurales a cielo abierto originados por la actividad del cirujeo en el borde. El marcado ascenso de las napas, la ausencia y deficiencia de los desagües pluviales y la acumulación de residuos en las calles y zanjas, determinan la presencia de áreas críticas que complicaría la situación de vulnerabilidad al anegamiento por lluvia del barrio.[10]

Partimos de las restricciones marcadas por el soporte natural como la cota baja del terreno (bajos del Salado), la poca absorción del suelo determinada por las napas altas y su composición (de relleno). El mismo actúa como soporte de efluentes cloacales a través de pozos negros, por carencia de cloacas.

El déficit de desagües pluviales tanto en la cobertura como en el trazado y en las características técnicas.

Santa Rosa de Lima se encuentra en el curso inferior de la cuenca de drenaje urbano comprendida entre Bv. Pellegrini al Norte, calle Urquiza al Este y Av. Gral. López al Sur, con una

---

[10] "Distinguir entre 'estado de inundación' y 'estado de anegamiento' significa comprender que, si bien ambos pueden coincidir en sus causas y efectos e inclusive registrarse al mismo tiempo, son el resultado de diferentes procesos (DI PACE, 1998). El primero responde a un fenómeno *natural* por el cual y como consecuencia de precipitaciones intensas, un curso de agua aumenta su caudal produciendo el desborde del mismo sobre las llanuras laterales. El segundo se verifica, también debido a lluvias abundantes, en zonas bajas en las que la construcción de obras de infraestructura e ingeniería que causan la alteración de los drenajes naturales —ej. impermeabilización del suelo por pavimentación— o la ausencia de ellas —ej. carencia de desagües pluviales— ha potenciado sus condiciones para el mal escurrimiento de aguas. Los efectos del anegamiento perduran hasta que el suelo recupera su capacidad de infiltración." José Antonio Borello, Andrea Catenazzi y otros. Informe de Investigación N° 12: *Diagnóstico preliminar ambiental de José C. Paz*, Universidad de General Sarmiento.

superficie aproximada de 200 ha. por lo que se derivan al barrio, a través de los zanjones a cielo abierto Suipacha, Corrientes y Primera Junta, el agua de lluvia del centro de la ciudad. La situación de anegamiento del barrio se complejiza al no estar resuelto con eficiencia el reservorio y el sistema de bombeo.

Los lotes se encuentran muy densificados, ésto disminuye la superficie de absorción.

Hay que sumar el incremento de la intensidad y frecuencia de las precipitaciones, superándose en los últimos años los promedios estadísticos.

Los problemas ambientales identificados tienen que ver con deficiencias de infraestructuras y servicios básicos tanto de uso público como las de uso domiciliario, y una falta de planificación de la ocupación y uso del suelo en el proceso de crecimiento urbano que contemple integralmente la problemática que presentan las condiciones naturales de la localización de la ciudad, en la desembocadura del río Salado y el sistema hídrico del río Paraná. Estos aspectos están ligados directamente al accionar del Estado.

Consideraciones de la antropología

Síntesis de las encuestas e investigación realizada por Alicia Londoño [11]

El objetivo general del trabajo de campo, fue determinar las expectativas de diferentes personas del barrio frente a su vivienda y el barrio mismo.

El objetivo particular, consistió en conocer las concepciones de los habitantes respecto a la posibilidad de hacer un proyecto

---

[11] Podrá leerse el informe completo de Alicia Londoño en el capítulo 2 de este libro.

urbano, más concretamente, un parque urbano público en los reservorios del barrio Santa Rosa de Lima. Este es un destino previsto por el Código de la ciudad de Santa Fe.

El enfoque antropológico permitió determinar, mediante la investigación cualitativa, las percepciones y valoraciones de los habitantes frente a su vivienda y el barrio mismo. A través de las técnicas del trabajo de campo antropológico (entrevistas, observación, y mapas mentales) fue posible una indagación subjetiva sobre aspectos como el barrio, la vivienda, la familia, las imágenes y representaciones, los cuales luego de ser sometidos a un proceso de sistematización y análisis se condensan en este informe.

Se destacan algunos puntos centrales del trabajo: usos, representaciones, imágenes y expectativas.

La indagación por los usos de la vivienda en el barrio concluyó una centralización en la vereda o el patio. El afuera es tal vez el espacio de mayor uso: la vereda es un lugar privilegiado; es el lugar de mayor valor afectivo, así mismo el patio (en caso de existir).

Ante la pregunta por la casa donde quisieran vivir, las representaciones que estos habitantes manifestaron están signadas, en primera instancia, por la necesidad de resolución de carencias, están constreñidos a limitar sus deseos a la urgencia física inmediata, evidenciando una determinación de las representaciones de la vivienda por la materialización y expresión de un modo de vivir popular. En esta perspectiva, las formas de vida actuales, expresan estrategias a través de las cuales filtran, reorganizan lo que viene de la cultura hegemónica y lo integran y funden con lo que viene de su memoria histórica.

La vereda, la cuadra, el barrio mismo, son lugares cargados de significado, bien sea histórico, afectivo, ambiental, social, etc., todos ellos sirven de fondo a las prácticas sociales, pero además son lugares para el hombre en un sentido antropológico, constituyen una especie de "interior", en tanto son objetos identificables, que al ser compartidos con otros, le dan al habitante, una sensación de identidad espacial, se podría decir que el barrio y las viviendas de vecinos son percibidos en ocasiones como la extensión de la propia familia, formando una especie de comunidad. En esta perspectiva se entiende que el barrio tiene una cualidad primordial y es el hecho de proporcionar individual y colectivamente, una identidad mediada por fragmentos espaciales o bien por la totalidad del mismo.

La imagen del barrio Santa Rosa de Lima comporta valores de tipo subjetivo, más concretamente afectivo, donde el arraigo se expresa con fuerza. El barrio aparece como un hogar ampliado, es por ello además, por lo que la mayoría no se quieren ir a pesar de los problemas infraestructurales y sociales que tienen, así como de la inminente amenaza de las inundaciones; expresaron también valores de tipo geográfico, y valores relacionados con las necesidades y las luchas barriales. Los valores de tipo negativo se centran en la violencia, la inseguridad y la catástrofe provocada por la inundación.

No obstante, a pesar de las luchas y las adquisiciones en materia urbana, estos pobladores, consideran que las posibilidades de ser envueltos por el cambio son mínimas, dada su inmersión marginal en la sociedad, en la economía informal y en la consiguiente "cultura de la miseria" en que viven. Esto se evidencia en las pocas expectativas frente a los cambios urbanos y arquitectónicos, en tanto han llegado a un punto donde las demandas ante distintas entidades gubernamentales no encuentran resolución, es el caso de las obras públicas faltantes.

Consideraciones de la psicología social

Síntesis de las encuestas e investigación realizada por Teresa Oliveri [12]

EL BARRIO. Los lotes fueron rellenados, ya que el lugar, según los vecinos instalados desde hace más de cincuenta años, era un bañado con mucha basura. Los nombres que le adjudicaron como "La mosca" se deben a esta característica de basural. La delincuencia y la violencia aumentaron a medida que la población fue creciendo y se instalaron más ranchos y casas, y pasó a llamarse "La puñalada". Con el Plan Eva Perón se hicieron algunas casas tipo "chalet" y se lo llamó "4 de Junio", pero nadie sabe cuando pasó a ser llamado "Santa Rosa de Lima".

Las prioridades mencionadas son la seguridad, la limpieza del barrio, el zanjeo, los colectivos que dejaron de pasar por la gran inseguridad que existe, la red de gas natural, las cloacas, la recolección de residuos, el asfalto y el alumbrado público casi inexistente.

Los lugares que le faltan al barrio son: una plaza con juegos para niños, pues la que tienen esta desmantelada y al atardecer es muy peligrosa ya que en las esquinas se reúnen distintas barras de adolescentes que se adueñan del lugar. Otra carencia es un polideportivo para jugar al fútbol y hacer otros deportes y actividades. En el barrio hay dos piletas olímpicas, totalmente abandonadas, que se podrían rehabilitar. Un salón de usos múltiples para actividades culturales y educativas, y actividades culturales al aire libre para disfrutar de espectáculos gratuitos. Los espacios verdes también son un reclamo permanente.

LAS CASAS. Las viviendas en general son de ladrillos, con techos de chapas en su gran mayoría. La gente anhela un primer piso

---

[12] Podrá leerse el informe completo de Teresa Olivieri en el capítulo 2 de este libro.

para resguardarse de otra inundación, ampliar la casa, incluir el baño adentro, agrandar la cocina, tener más dormitorios, hacer el techo de losa, colocar pisos de cerámicas, etc.

Los espacios más usados en la casa son la vereda y el patio, luego el comedor y la cocina. Los interiores de la vivienda solo son usados para dormir y almorzar, ya que en el lugar hay muchas moscas y almorzar afuera es casi imposible, al decir de los encuestados. Luego de la gran inundación muchos vecinos del barrio expresan la sensación de tener miedo cuando están en el interior de sus casas porque se sienten vulnerables. Continúan sufriendo al no tener atención y contención luego del llamado "impacto", en donde aparece el pánico que es el emergente significativo de una catástrofe.

En general, la visión de los jóvenes que están en la plaza o esquinas es muy negativa, por la violencia que manifiestan entre ellos y hacia los demás vecinos. Algunos tienen prohibido pasar por ciertas calles.

La imagen que los encuestados tienen de Santa Rosa de Lima es de un barrio consolidado y que no se debe separar o dividir como han hecho después de la gran inundación. Son un solo barrio. Sobre la integración con la ciudad dicen que no están integrados porque la visión del ciudadano santafesino es muy negativa y "ponen a todos los vecinos en la misma bolsa".

También manifiestan que el barrio es más triste ahora que antes, que hay menos solidaridad entre los vecinos. Es probable que la proyección del miedo bloquee afectivamente a una gran cantidad de ellos por lo cual se retraen y aíslan.

Algunos vecinos opinan que la Av.Circunvalación esta mal construida, y le adjudican la culpa de la inundación del 2003. Siguen pensando que es el fondo o el atrás del barrio. Ante la pregunta: "¿se irían del barrio?", la respuesta es un rotundo no en la mayoría de los casos encuestados. Una razón de esta contestación es la cercanía al centro de la ciudad y la posibilidad de acceder a las instituciones de salud pública, hipermercados, shopping, etc.

Al borde urbano se lo imaginan como parque recreativo con plazas, fábricas, un polideportivo, y casas o alguna estación de servicio.

Sobre el uso del Parque Recreativo al lado de los Reservorios de Agua, los vecinos opinan que, en gran medida, no lo usarían porque es una zona de mucha inseguridad. Algunos piensan que sirven de refugio a malvivientes que roban en la ciudad y se esconden en esos lugares. En general es una zona que les da miedo visitarla.

A los vecinos encuestados de afuera del barrio, se les preguntó si usarían esos lugares recreativos a realizarse en el borde, y su opinión es que no los usarían, así que quedarían prácticamente para uso del barrio Santa Rosa de Lima.

La inundación de 2003

Luego de la gran inundación del 2003 e intentando hacer una lectura de los hechos, nos preguntamos: ¿Por qué persisten las angustias y los miedos después de dos años?

La situación de emergencia social es un hecho que siempre afecta a toda la población, no sólo a los damnificados más directos. Coloca a la comunidad en una circunstancia caracterizada por la pérdida de vidas, de bienes materiales y de lugares físicos reconocidos como propios. Produce la pérdida de las normas que regulan las relaciones sociales previas, entre y con los grupos de pertenencia, una crisis de los marcos referenciales, una ruptura de lo cotidiano, frente a lo cual las formas de organización hasta ese momento utilizadas resultan inadecuadas.

Esta situación de amenaza e incertidumbre genera, en los grupos sociales y en la identidad personal, un fenómeno de ambigüedad con efectos desestructurantes y moviliza los sentimientos más primarios de indefensión.

Si decimos que un desastre es la ruptura de un equilibrio preexistente que causa sufrimiento en la población, debemos percatarnos de los graves problemas que acarrea la pérdida de continuidad funcional de los sistemas como conjunto de estructuras que integran la vida cotidiana en la comunidad. Aparece el caos dentro de los núcleos de la población.

Suele ocurrir que, en circunstancias como estas, los grupos de personas se encuentren en la disyuntiva de tomar una posición activa frente a la realidad o quedarse en una situación pasiva que aumenta frente al daño, emergiendo confusión y paralización, sumado a un sentimiento de impotencia y bloqueo emocional y de pensamiento. Muchas veces la respuesta social de los afectados directos incide en la posibilidad de elaboración personal de la situación límite.

La elaboración de la situación de riesgo es generalmente pública, colectiva, social, aunque tenga en cada caso la impronta de lo particular y lo íntimo.

Entre otras definiciones de riesgo podríamos decir que se lo define como el tipo de vinculación que tiene un sujeto o una comunidad entre sus recursos internos y sus recursos externos. Por lo tanto una situación de riesgo es aquella producida por la desvinculación entre los recursos internos, los recursos externos y los aspectos de la realidad que se presentan como insatisfactorios. Cuando nos referimos a los recursos externos, estamos aludiendo a las condiciones materiales de vida de un sujeto, de una comunidad. En ellos incluimos la inserción productiva de los adultos, la forma de satisfacer las necesidades básicas, las estructuras familiares, la vivienda, etc. Los recursos internos se refieren a las capacidades organizativas de la comunidad o del sujeto, la tradición de una comunidad en las acciones colectivas, su solidaridad, laa significación que dan los sujetos sociales a una condición de vida, etc. De esta forma una situación de riesgo no se define sólo por la carencia o falta de recursos tanto internos como externos, sino también por la capacidad del sujeto para activar, crear o recrear estos recursos.

Muchas veces se comete el error de definir o categorizar a las personas afectadas por estas situaciones a partir de categorías psicopatológicas y, en realidad, son personas que han vivido una situación límite que les exige reajustes complejos en su vida. Esta situación límite puede afectar el comportamiento psicológico y social de las comunidades afectadas. El pánico generalizado, el trauma paralizante y el comportamiento antisocial, raramente se presentan después de los grandes desastres y los sobrevivientes rápidamente se recuperan del choque inicial. Sin embargo, se puede presentar ansiedad, neurosis y depresión luego de emergencias de inicio súbito o lento. La atención psicológica en el momento de la emergencia está unida al choque emocional que se encuentre en las personas, pues se sabe que generalmente un 15% de los individuos manifiestan reacciones psicológicas patentes, un 15% conservan su sangre fría y el 70% restante manifiesta un comportamiento aparentemente calmo, pero con un grado de deterioro emocional y de iniciativa aunque no alcanzan una patología. Luego de una emergencia aparecen diversas fases: primero una sensación de abandono, en la segunda –que es el período de reacción y de toma de distancia respecto al hecho– la víctima se escapa del presente intentando entender lo que sucedió. En este momento surgen los comportamientos expresivos de las emociones (gritos, llantos, etc.) y, al mismo tiempo, las reacciones prácticas destinadas a protegerse del peligro. En la tercera fase hay un impulso por recuperar la autoestima y ayudar a los demás. En la cuarta fase o período post-crítico, se manifiestan dos tendencias opuestas:

algunos piensan sobre el suceso y otros intentan evitar el recuerdo y rechazan hablar de lo que sucedió.

Desde las intervenciones comunitarias se observan que los afectados directos tienden a actuar de una manera activa, con elementos de considerable iniciativa personal, a disponer de los recursos a su alcance con habilidad y a establecer relaciones informales de ayuda mutua inmediatamente.

El agrupamiento y el interés en resolver el problema común es un elemento importante que opera en la subjetividad como defensa protectora del yo frente a situaciones desestructurantes. Para referirse a los efectos psicológicos traumáticos (JANOTT-BULMAN, 1992) describen el *Síndrome de Stress Post-Traumático* como una hiperactividad psicofisiológica o respuesta de alerta exagerada que se manifiesta en hiper-vigilancia, respuesta de sorpresa exagerada, irritabilidad, dificultades de concentración y de sueño. Esta hiperactividad a estímulos parecidos a los del hecho traumático es específica en los sujetos que sufren el *Síndrome de Stress Post Traumático* y no estaba presente antes del hecho traumático. Muchas de las personas que afrontaron hechos negativos y catastróficos pasan por diferentes etapas: shock-alteración-duelo-recuperación.

Este agrupamiento incide en el plano social, favoreciendo la creación de un determinado consenso social que a su vez reactúa como factor de apoyatura o sostén para el mantenimiento de la identidad en los implicados más directos. Esto tiene un carácter más relevante en las situaciones de emergencia social provocadas por el hombre, ya que en el caso de las catástrofes naturales, el consenso social surge inmediatamente.

Muchas veces la respuesta social grupal permite a los afectados más directos enfrentar la pasividad con actividad, establecer nuevos lazos afectivos, elaborar en mejores condiciones la situación de pérdida, modificar representaciones psíquicas y tener una comprensión intelectual del fenómeno en su conjunto.

Respecto de los jóvenes en la plaza, en la experiencia en el trabajo comunitario en asentamientos y villas con niños y adolescentes en riesgo social, se ha observado como surgen agrupamientos de niños / adolescentes de distintas edades que evitan separarse en las actividades que se les propone. En este caso, nos hallamos ante la presencia de un grupo que tiene ciertas reglas y que crea un dispositivo especial de organización interna que debemos desentrañar. Puede tener que ver con la prevención de la situación de riesgo en la que se encuentran los niños / adolescentes en el tránsito que realizan por fuera de su barrio o dentro del mismo, como la formación de bandas o patotas. Muchas veces se debe recurrir a trasladarse en grupo porque sufren asaltos o son obligados a llevar y vender drogas para los distintos grupos o bandas. Surgen como grupos naturales y podemos encontrarnos con una producción comunitaria de protección para prevenir el riesgo en sus niños / adolescentes. Es un recurso hábil de una comunidad desprotegida. Es en cierto sentido productor de prevención del riesgo posible. Algunas veces el grupo natural, por un lado, previene el riesgo, y por otro lado, lo produce, pues el mismo grupo provoca ataques y desmanes en las plazas, escuela, calle, etc.

La sugerencia para una posible intervención en esta área sería promover un comportamiento colectivo organizado, en el que prevalezca la solidaridad y una razonable tranquilidad, es siempre un recurso poderoso para contener o prevenir reacciones de miedo, inseguridad o aislamiento. Ésto permitirá dedicarle más atención a quienes, por determinadas condiciones personales o familiares, requieran una atención más individualizada.

Categorizar una situación de riesgo ayuda a la pronta puesta en práctica de actividades organizadas y solidarias ante las alteraciones de la normalidad cotidiana.

Es importante identificar con criterios claros a las personas o grupos que requieren atención especial y ofrecerles un apoyo personalizado. La comunidad tiene recursos propios y las personas capacitadas no deben sustituir sino contribuir a que se organicen y fortalezcan. La situación ideal sería que la comunidad fuera preparada para responder organizadamente con anticipación, es decir hacer capacitación comunitaria en situaciones de riesgo. La construcción de una capacidad participativa es un proceso que nunca se detiene y el acompañamiento profesional ayudaría a programar reacciones ante situaciones potencialmente riesgosas.

Las opciones de evaluar un acontecimiento por sus efectos son muchas y variadas y, en la mayoría de las intervenciones realizadas, el principal problema es administrativo. A menudo son informes catastróficos, contradictorios y exagerados. Es necesario disponer de información fidedigna para poder cubrir tres objetivos principales: definir la población afectada; identificar y prever las necesidades no cubiertas de dicha población evaluando la magnitud del daño; y ver que recursos materiales y humanos locales existen e identificar los riesgos potenciales para la salud.

El coordinador –el espacio institucional en este caso– requiere tener información para mantener al corriente a la comunidad. Esa información tiene que estar verificada para evitar que se difundan informes no comprobados y/o contrarrestar rumores.

Es más importante que la información sea oportuna a que sea completa y exacta, ya que durante la fase de emergencia las decisiones han de tomarse lo antes posible y con los datos disponibles. En las primeras horas después de un impacto de desastre las autoridades deben contar con una idea general acerca de la magnitud del mismo, a fin de poder tomar las primeras decisiones en relación a la población afectada. Posteriormente, los datos se irán adaptando de forma progresiva a escalas menores hasta culminar, si es posible, en satisfacer las necesidades individuales.

Debate entre infra-estructuralistas y no infra-estructuralistas

Surge en la interacción con diversos especialistas del urbanismo, funcionarios municipales, dirigentes políticos entre otros actores, la disyuntiva entre proyectos de base ideológica bien diferenciada. Algunos se inclinan por posturas que ellos mismos denominan no-estructuralistas y que tienen que ver con la voluntad de no alterar significativamente los condicionantes naturales del territorio, con pensar desde las políticas de desarrollo urbano, formas de adaptación de la ciudad que no confronten con las características naturales prexistentes.

La ciudad de Santa Fe, según estudios de la Secretaría de Planenamiento Urbano, posee una densidad estimada de 45 habitantes por hectárea, es decir, es una ciudad sumamente chata. Este dato es muy significativo cuando nos preguntamos porqué la ciudad debió extenderse indiscriminadamente sobre el valle aluvional del río Salado, teniendo la posibilidad de densificar las zonas centrales que no poseen riesgo hídrico.

Es en ese punto cuando ciertas medidas infra-estructurales como la realización de defensas en el sector Oeste de la ciudad parecieran no tener sentido.

La realización de una defensa es una solución de carácter probabilista, es decir, que tendrá una determinada probabilidad de funcionar correctamente. la probabilidad de falla no sólo se incrementará con el tiempo de no proveerse correcto mantenimiento, sino que en tanto no se poseen mediciones hidrológicas de larga data, tampoco pueden construirse estadísticas 100% seguras porque desconocemos si hace 500 años en realidad no hubo una inundación que tapo la cota segura (17 mts).

"Le doy un ejemplo: si hoy se llegara a romper Yaciretá, nosotros tendríamos en la zona más alta de la ciudad entre 2 y 3 metros de agua... de esta ciudad..."
(MINISTERIO DE ASUNTOS HÍDRICOS, JUAN JOSÉ MORÍN).

"En los niveles simbólico e institucional, considero que pronunciamientos que tiendan a preservar el carácter cuasi-urbano, o supuestamente urbano, y prevalentemente residencial, del mencionado sector, o que puedan ser entendidos como favorables a tal preservación, resultan totalmente equívocos, y por tanto indeseables (...) Ello por tratarse de un sector urbano con gravísimas limitaciones de sustentabilidad, y por tanto, de dudosa, y carísima, factibilidad de mejoramiento sustantivo. Considero también —aún reconociendo el carácter ideológico de tal encuadramiento, pero suponiendo que no existen instrumentos formales que otorguen apropiados niveles de certeza en la consideración del tipo de problemática involucrada— que resulta inaceptable otorgar niveles de confiabilidad absoluta a las obras de defensa hidráulica del Salado en su condición actual, lo que implica reconocer limitadas potencialidades, al menos como ámbitos prevalentemente residenciales, al sector urbano que consideramos. Como consecuencia, no deberían ejercitarse en relación al mismo aportes de carácter proyectual de significativa entidad, sino solo, y eventualmente, el pronunciamiento respecto de equipamientos urbanos de jerarquía restringida y de carácter paliativo para enfrentar catástrofes similares a la del año 2003, en tanto se promueve su relocalización generalizada." (ARQ. LUIS AINSTEIN)

¿Es posible una relocalización generalizada del borde oeste de Santa Fe?

La respuesta de las autoridades fue categórica:

"Yo puedo coincidir teóricamente con ustedes... es difícil no coincidir por la lógica misma del planteo... pero yo a los de Santa Rosa no los saco ni con el Ejército... entonces ésa es una cuestión que hay que debatir, digamos."
(ARQ. ALDO LÓPEZ VAN OYEN, SUBSECRETARIO DE PLANEAMIENTO)

La propuesta de relocalización, como vimos en los informes de Antropología y Psicología Social, parecería desde todo punto indeseable por los habitantes del barrio. Es claro que independientemente de los condicionantes afectivos y de las redes sociales que se establecen en estas situaciones de carencia, la posición de este barrio respecto del centro de la ciudad de Santa Fe, así como de determinados equipamientos urbanos es sumamente estratégico. Difícilmente los habitantes del lugar resignarían esta condición urbana ventajosa sin mediar un trabajo social que los haga tomar conciencia de la situación.

Pero más allá de esto, nadie puede negar que no existan áreas disponibles para una relocalización sin que estas ventajosas externalidades sufran una merma sustancial.

Con el objeto de considerar la posibilidad de relocalización fuera del área afectada propusimos a la Secretaría siete áreas en la ciudad que parecían ser suelo vacante ocioso. El rechazo fue generalizado, en algunos casos porque las áreas propuestas eran de propiedad nacional o provincial, en otros casos porque dichas áreas ya habían sido adjudicadas a privados, como el caso del puerto de Santa Fe y, en otros casos que considero de mayor implicancia significativa:

"[...] porque, en la idea de alojamiento de vivienda social donde dispondrían de servicios y no pagarían las cuotas,

otros niveles sociales se verían desplazados; ésto genera un conflicto social." (ARQ. ALDO LÓPEZ VAN OYEN).

No es posible, bajo ningún punto de vista, que las relocalizaciones no impliquen un esfuerzo para todos los sectores sociales de la ciudad de Santa Fe. Estos sectores fueron históricamente marginados de la ciudad, y es ésta una responsabilidad que no sólo deben asumir las autoridades sino la población en su conjunto.

La propuesta del urbanista Luis Ainstein de utilizar la zona portuaria en desuso para realizar allí una relocalización masiva de mediana densidad es coherente con esta situación. La responsabilidad o irresponsabilidad de destinar estas zonas para usos no residenciales que van a ser utilizados por sectores medios o altos de la sociedad santafecina no sólo debe ser asumida por las autoridades sino por todos los actores civiles que por acción u omisión han sido partícipes de tal incoherencia.

En este sentido, es interesante ver como otros países han ido articulando políticas urbanas en territorios portuarios obsoletos, pero no como una mera especulación sobre una tierra vacante de gran externalidad sino en una férrea relación con las necesidades concretas de cada tiempo histórico. El desarrollo del "Kop van Zuid" en el puerto de Rotterdam es un claro ejemplo de cómo la autoridad provincial establece un marco legal para el desarrollo de un área lo suficientemente flexible para producir o introducir cambios acordes a las necesidades de cada momento.

Proyectos urbanos de esta naturaleza deberían ser parte de una planificación integral de la ciudad donde la consideración de los problemas de los sectores marginados de la sociedad no se produzca a posteriori de las maquinaciones inmobiliarias como el Proyecto del Puerto de Santa Fe. Es claro que proyectos de este tipo pueden ser la vía de financiación de obras infra-estructurales en otros sectores que moderen la distorsión que sufre el costo de la tierra en las zonas centrales, y por ende, volverlas más accesibles. Pero estos tipos de transferencia deben estar previamente estructurados en un plan de desarrollo global.

Las implicancias que estos tipos de proyectos tienen para la ciudad hacen que sea imprescindible la discusión abierta de éstos, no sólo por parte de las autoridades intervinientes sino por la sociedad en su conjunto. Es de todo punto rechazable que estos proyectos sean cocinados a puertas cerradas.

Si bien coincidimos con la posición de Luis Ainstein, es preciso ver toda la complejidad del problema y no quedarse en posiciones principistas que bloquean la producción de conocimiento proyectual. Por más que acordamos con la posición de Ainstein de que la ciudad de Santa Fe se perdió una histórica oportunidad de contribuir a la resolución del grave problema del sector Oeste inundable, pensamos que desde la disciplina podemos elaborar también soluciones que el municipio pueda aprovechar en la reconfiguración del sector Oeste.

La posición más moderada de Rómulo Pérez nos permite avanzar en la construcción de estas posibles soluciones.

> *"El empleo de defensas contra inundaciones y otras medidas estructurales complementarias quedaría justificado ante la necesidad de proteger personas y bienes en situación vigente de exposición al peligro, pero no se considera adecuado para localizar bajo tales condiciones, nuevas expansiones urbanas. El empleo de tales medidas estructurales debiera condicionarse a:*
>
> *I. La imposibilidad real de relocalizar población amenazada sobre suelo apto;*
> *II. La necesidad de proteger a la población amenazada, a sus bienes y medios de vida;*

III. La condición de no alterar ni obstaculizar el natural escurrimiento de las aguas;

IV. La restricción a la expansión y a la densificación urbana al interior del área protegida, fortaleciendo las medidas administrativas de regulación y control, así como la capacitación y participación de la población, con el objeto de reducir la vulnerabilidad e incrementar factores de resiliencia (medidas no estructurales). La experiencia demuestra que toda área protegida implica un grado de riesgo potencial."

Tomando en consideración las diferentes posturas, nuestro trabajo se orienta en principio hacia una hipótesis que plantea operar sobre la posible combinación entre soluciones estructurales y no estructurales en pos del desarrollo de un plan estratégico para el sector Oeste, pero bajo la tutela de un plan global para toda la ciudad de Santa Fe.

Master Plan de Santa Rosa de Lima

El proyecto elaborado para Santa Rosa de Lima es resultado del trabajo de arquitectos y pasantes, pero siempre sobre la base de las precisiones logradas por los especialistas antes mencionados y sobre todo de la interacción con organismos gubernamentales, como el área técnica del municipio de la ciudad de Santa Fe, el Ministerio de Asuntos Hídricos y otros actores políticos.

En una primera instancia de proyecto surgen ciertas dificultades al vernos envueltos en posiciones bastante opuestas respecto de las posibles soluciones. La visión de los especialistas en catástrofes, de claro tinte no infraestructuralista, indicaba la inobjetable realidad de una ciudad que hacia el Oeste fue construida sobre el lecho aluvional de un río de régimen variable, al amparo de defensas de dudosa eficiencia y mantenimiento.

Por otro lado, la información obtenida en los talleres sociales con los habitantes del barrio mostraban un claro arraigo e identificación con su tierra, negando toda posibilidad de pensar en mudarse hacia lugares más seguros. Y la perspectiva pragmática de los expertos municipales, tendientes a defender posturas tecno-estructuralistas por entender la inviabilidad de relocalizaciones masivas por su elevado costo y sobre todo por la impopularidad que representarían medidas de esta naturaleza. A la hora de elegir una estrategia nos vimos tensionados por estas posiciones opuestas, lo que exigió un minucioso análisis de la situación realizando varios viajes al sitio y el diálogo con diversos sectores políticos de la ciudad.

La ciudad de Santa Fe no es una excepción a los problemas que acaecen a la gran mayoría de las ciudades de nuestro país y, en general, de Latinoamérica. Esto es, un mercado del suelo distorsionado y librado a la especulación de muy pocos y, por ende, atravesados por la dificultad de acceso a la vivienda

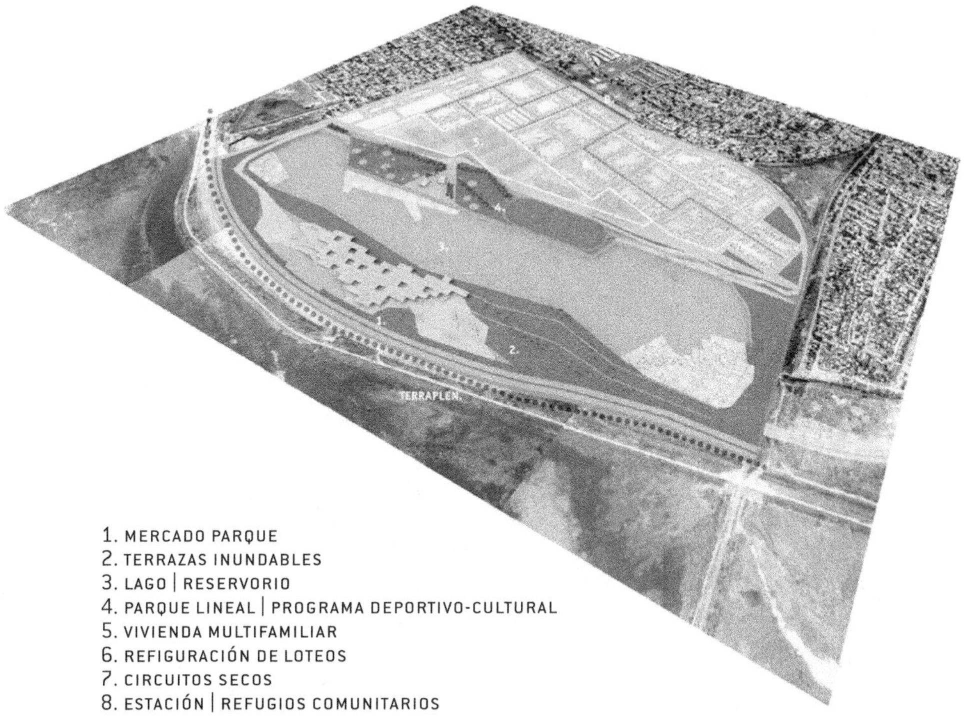

1. MERCADO PARQUE
2. TERRAZAS INUNDABLES
3. LAGO | RESERVORIO
4. PARQUE LINEAL | PROGRAMA DEPORTIVO-CULTURAL
5. VIVIENDA MULTIFAMILIAR
6. REFIGURACIÓN DE LOTEOS
7. CIRCUITOS SECOS
8. ESTACIÓN | REFUGIOS COMUNITARIOS

de los sectores de más bajos ingresos. Es claro que estas poblaciones relegadas elegirán siempre las zonas de la ciudad más económicas, que nadie quiere por encontrarse bajo riesgos inadmisibles para el asentamiento humano. En el caso de la ciudad de Santa Fe, vemos que esta situación se combinó con años y años de negligencia e irresponsabilidad de los dirigentes.

Nos proponemos mostrar, a continuación, una síntesis del Master Plan pensado para el área de Santa Rosa de Lima que tiene la voluntad de marcar un camino para operar en todo el borde Oeste de Santa Fe y, en general, en zonas del mundo que padecen similares flagelos. Es decir, un Master Plan producto de una investigación proyectual tiene un carácter genérico y apunta a producir un conocimiento proyectual que pueda ser utilizado en situaciones análogas.

Master Plan pensando en etapas:

Una primera etapa de *corto plazo* y edilicia pequeña, apunta a poner fuera de riesgo de modo inmediato a los habitantes del lugar e intenta resolver cuestiones básicas del hábitat precario en emergencia.

Una segunda etapa, de *mediano plazo* y mediana edilicia, apunta a producir refiguraciones del loteo y pequeñas relocalizaciones a fin de mejorar cuestiones de tejido urbano y liberar territorio en cotas más bajas y por ende más riesgosas.

Una tercera etapa de *largo plazo* y construcción de infraestructura tiene que ver con encontrarle a esta zona un destino, un rol dentro de la planificación total de la ciudad, que compromete soluciones de infraestructura como la construcción de reservorios, parques urbanos, y revitalización de algunas estructuras viarias.

Corto plazo

Etapa 1. Construcción de Refugios Comunitarios

Dichos refugios se ubicarán en cotas seguras sobre las actuales vías ferroviarias. La elección de esta ubicación está en relación a la facilidad que suponen las vías ferroviarias para el traslado de recursos en caso de catástrofes. La localización es estratégica porque se encuentran posicionadas en la confluencia de las vías naturales de escape. Estos refugios actúan como centros comunitarios en los momentos que no existe inundación albergando diversos tipos de programas. Tendrán el rol de ser puntos de referencia para

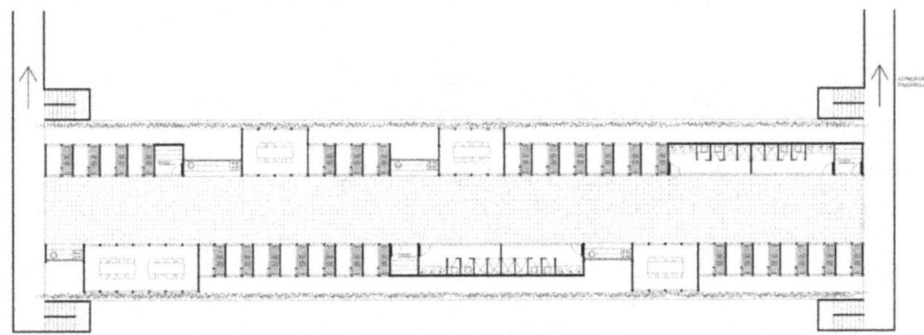

REFUGIO COMUNITARIO EN EMERGENCIA

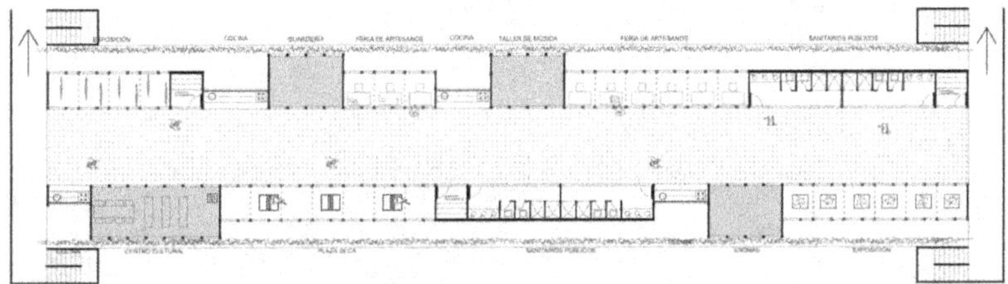

REFUGIO COMUNITARIO - USO DEL PROGRAMA ALTERNATIVO

los usuarios. Lugares donde los dirigentes del barrio y sus habitantes se reúnan para discutir sobre temas de interés comunitario.

Etapa 2. Implementación

Distribución y explicación en reuniones específicas de *Manuales de Instrucción para actuar en situaciones de riesgo de inundación*, similares a los que se distribuyen en zonas sísmicas. Dichas reuniones serán dirigidas por equipos de psicólogos sociales, antropólogos y dirigentes barriales.

Se apuntará a la toma de conciencia acerca de la importancia de los refugios comunitarios, no sólo por lo que representan frente a una posible catástrofe sino también su importancia como núcleo de desarrollo barrial.

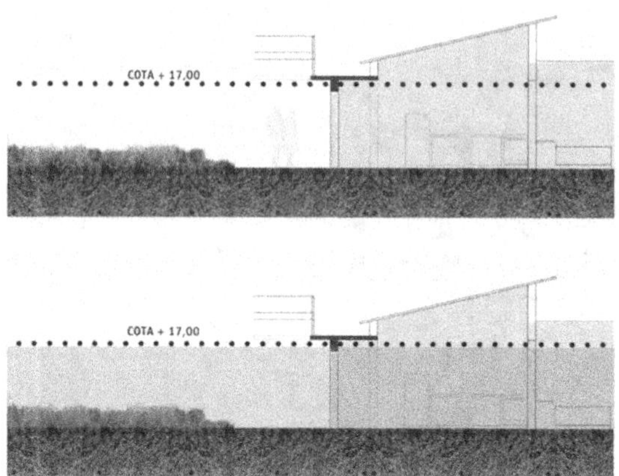

CORTE DEL CIRCUITO SECO EN RELACIÓN A LA COTA INUNDABLE +17.00 m

CIRCUITOS SECOS (PASARELAS ELEVADAS) EN CIUDAD INUNDADAS.
PASANTES: JOSEFINA PICCIRILLI, FEDERICO KULEKDJAN.

· Implementación del sistema de alerta temprana.
· Fabricación de contenedores herméticos apilables.

Esto posibilita poner al usuario a resguardo de posibles pérdidas materiales, ya sea por acción del agua, o por robos y saqueos tan comunes en este tipo de catástrofes. En este sentido los contenedores apilables constituyen un modo de trasladar pertenencias sin riesgo para éstas.

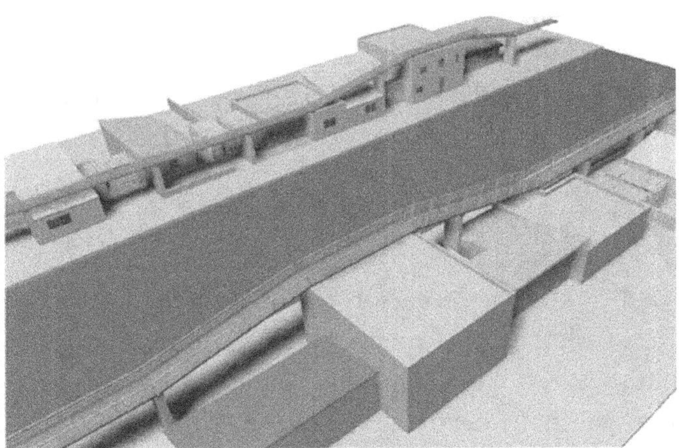

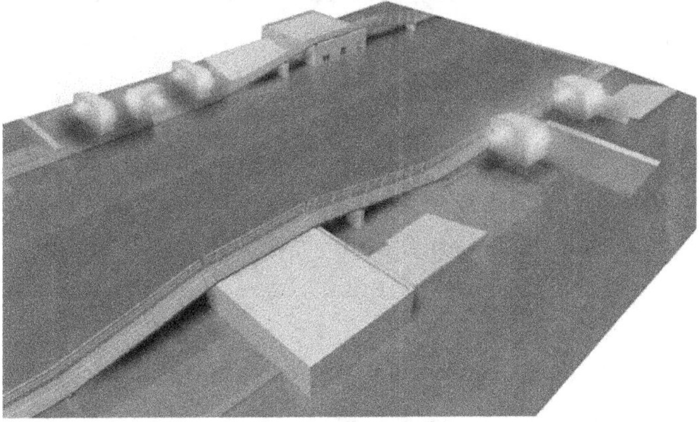

CIRCUITOS SECOS | NÚCLEOS INTERSTICIALES FLOTANTES (COCINA + BAÑO + REFUGIO)

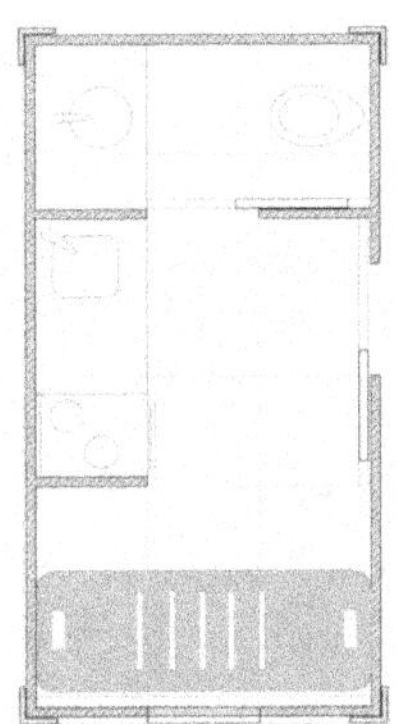

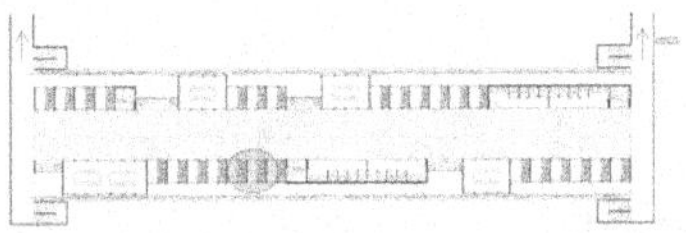

CONTENEDOR PARA GUARDADO DE PERTENENCIAS | REUTILIZACIÓN
EN REFUGIO

▶ NÚCLEO INTERSTICIAL | MÓDULO INDIVIDUAL

Los equipos de psicólogos sociales, antropólogos y dirigentes concientizarán a los usuarios acerca de la importancia de tener disponibles estos contenedores y no utilizarlos para otras cosas.

Etapa 3. Construcción de circuitos secos

Como hemos dicho en los estudios preliminares la inundación aparte de producir la anegación de los usuarios, difumina los bordes que estructuran lo urbano. En la inundación lo genérico de la ciudad, sus calles sus veredas, quedan tapadas por el agua. El agua en tanto invade todo, une elementos urbanos antes desunidos. El tejido se torna fragmentario. Ante la pérdida de lo genérico, el usuario entiende la ciudad de modo confuso, se desorienta. La construcción de circuitos elevados por sobre la cota segura de inundación, tiene por objeto permitir la evacuación de los usuarios hacia los refugios comunitarios. Pero constituye un nuevo elemento urbano, genérico, que hace presente de modo constante una realidad del lugar: *la inundación*. Ante la presencia de la inundación, el tejido del lugar sigue conectado por estos circuitos.

El circuito seco actúa entonces en tres planos.

En el plano funcional, asegurando la conexión de las viviendas con puntos de evacuación seguros.

En el plano formal-urbano, posibilitando la presencia de un nuevo elemento urbano que no se desfigura en el contexto de la ciudad inundada.

En el plano formal-tectónico, proponiendo un tipo de construcción que une con un elemento todo el tejido. Esto supone un diálogo entre los criterios de unidad estética de la obra y diversidad. Un posible diálogo entre estéticas puras y absolutas pertenecientes a lo disciplinar y otras que tienen que ver con una estética de la vida cotidiana, es decir un modo de aparecer de lo construido en relación con la realidad de sus usuarios y del lugar que estos habitan.

Etapa 4. Construcción de núcleos intersticiales de cocinas y baños

Como surge del diagnóstico preliminar, esta zona carenciada de la ciudad de Santa Fe, además de padecer el flagelo de inundaciones por lluvias y desbordes del río Salado, comparte los problemas de todos los barrios carenciados del país.

Tiene graves insuficiencias del sistema sanitario, tanto en su provisión como en los desagües cloacales, también hay innumerable cantidad de viviendas que dan hacia los interiores de las manzanas constituyendo un grave problema en el caso de evacuación, así como incidir de modo negativo sobre diversos problemas sociales que devienen luego en situación de marginalidad.

Con la construcción de núcleos compactos de cocina y baño se pretende lograr una mejora en la vivienda respecto de su sistema sanitario pero también en tanto estos núcleos tienen posibilidad de flotación, constituyen un área seca permanente que puede servir como un módulo seguro para el usuario que decide cuidar su casa. Estos núcleos se conectan con los circuitos secos y forman parte del sistema de evacuación.

Lo que se intenta es la implementación de un sistema integral de evacuación, que nace en la vivienda a través del módulo seco, se prolonga por los circuitos secos (pasarelas elevadas) y culmina en los refugios comunitarios. Se intenta que estas partes del sistema den respuesta a los diversos problemas que aparte del flagelo de la inundación, aquejan al barrio.

Mediano plazo

Etapa 1. Relocalización endógena

La interpolación de implantes sanitarios en los intersticios del tejido, debe ir acompañado de una política de *esponjamiento* o *defragmentación* que supone ir moviendo viviendas desde el interior hacia el exterior de las manzana, así como también liberar suelo para posibilitar el ensanche de pasajes y pasillos.

Esto obligará en muchos casos a refigurar el loteo, lo que supone entablar discusiones y negociaciones entre los habitantes del lugar.

Conforme lo indica el proyecto de modificación de zonificación Ordenanza 8813-6, el barrio Santa Rosa de Lima se corresponde con la zona ZRU1, dicha zona prohíbe la densificación del área. Es decir que toda construcción nueva debería tener por objeto compensar las construcciones que se demuelan para producir la refiguración.

Sin embargo, la liberación de suelo urbano que exigiría la construcción de un gran reservorio de agua en el Oeste, como propugna el plan urbano de Santa Fe, obligaría a relocalizar gran cantidad de personas en dicha área u otras.

Etapa 2. Relocalización exógena

Una fase fundamental de este proyecto es la creación de un gran reservorio de agua que obligaría a relocalizar gran cantidad de viviendas que una relocalización endógena no podría absorber. Esto obliga de algún modo a pensar en la posibilidad de construir vivienda nueva.

El Artículo 19 de la Ley del Suelo acerca del área II es muy claro: *Diseñar planes habitacionales en zonas no inundables a fin de promover la reubicación de pobladores en otras áreas.* Surge entonces, el cuestionamiento de si la relocalización debe ser dentro o fuera del barrio Santa Rosa de Lima.

El plan urbano de la Secretaría de Planeamiento propone el borde Este del reservorio como un posible lugar para construir vivienda nueva. Previa elevación de cota existente. Esta acción iría en contra de lo que prescribe la zonificación ZRU1: *"No se permite la modificación de las características topográficas del lugar."* Pero la alteración topográfica y el reforzamiento de las defensas, son medidas que intentan volver hidráulicamente aptas a estas zonas.

Lo que vemos es un choque de posiciones antagónicas, la Ley del Suelo y la propuesta de zonificación tienen un claro contenido normativo, no estructuralista, mientras que el Plan Urbano propuesto por la Secretaría es desde todo punto de vista estructuralista.

Cabe aclarar que, ante el pedido del Centro POIESIS a la Municipalidad de sitios donde desarrollar posibles proyectos de relocalizacion fuera del barrio, éstos se mostraron reacios y no presentaron terrenos que estuvieran en zonas aptas desde el punto de vista hidráulico.

Sin embargo, estimamos, fuera de las consideraciones normativas, que en tanto no se altere sustancialmente el escurrimiento natural de las aguas, y no se eleve la densidad poblacional actual del área, podrían construirse viviendas nuevas en el borde Este del Reservorio. Dichas construcciones no pueden ni deben absorber población nueva, sino servir como un recurso para liberar suelo en pos de la construcción del reservorio.

Modo de relocalización

1. Vivienda multifamiliar. Conjunto

Atendiendo a diversos indicadores urbanísticos que consideramos adecuados confeccionamos una serie de planillas que nos permitieron calcular con exactitud diversas características de los conjuntos que permitieran un nivel de confort adecuado.

Estas planillas operaban con una densidad de población propuesta para el conjunto, algunas características geométricas, tales como ancho y largo de barras de vivienda, ocupación del suelo, ángulo de incidencia solar, entre otras variables determinadas. Actualmente estas planillas devinieron en un programa informático que

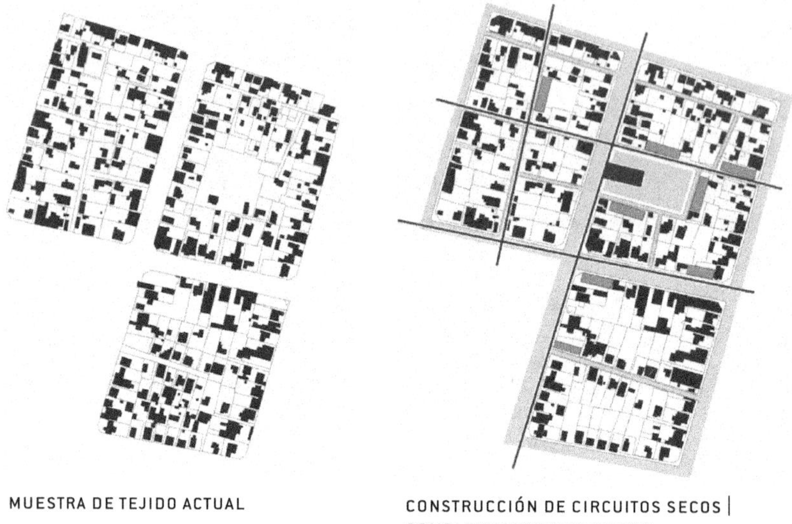

no sólo incorpora variables determinadas respecto del entorno sino también del contexto social y cultural.

2. Vivienda multifamiliar. Unidades de convivencia

En base a los informes de Antropología y Psicología Social y sobre todo en base a los censos del INDEC y el IPEC se proyectan los programas.

Del censo del INDEC de 2001 sobre composición de los hogares, surge que alrededor del 80% se corresponde con hogares de tipo nuclear y un 20% con hogares de tipo ampliado y ensamblado. Ahora, cuando ingresamos al censo por cantidad de habitantes vemos que cuando los hogares superan los seis habitantes, el 60% se corresponde con hogares ampliados. Estas estadísticas son de toda la capital santafecina. Si en base a las encuestas realizadas

DETALLE DEL ÁREA DE RELOCALIZACIÓN ENDÓGENA (REFIGURACIÓN DE LOTEOS), NUEVOS POLÍ-
GONOS URBANOS DESTINADOS A VIVIENDA MULTIFAMILIAR Y SECTOR DEL PARQUE LINEAL LADO ESTE

en el barrio profundizamos el análisis, vemos que los porcentajes de hogares ampliados sobre todo, crecen notablemente. Esto es debido, por un lado, a las condiciones socioeconómicas de sus habitantes, es decir, muchas veces conviven prácticamente dos familias en la misma casa por razones estrictamente económicas, y otras veces por razones culturales vemos con mayor frecuencia familias que viven con el abuelo o familias donde una de las hijas adolescentes quedó embarazada y vive con su hijo, etc.

En muchos casos se considera que existen hogares que conviene dividir puesto que lo único que limita esta evolución es un motivo económico pero, en otros casos, los motivos son un compuesto de diversas variables que nos obligan a pensar en organizaciones espaciales nuevas que se adapten a estas realidades.

Se recomienda, entonces, la realización de encuestas para dilucidar como es la composición real de los hogares que van a ser relocalizados. Mientras tanto, en base al análisis preliminar, se crea un programa genérico para proyectar los conjuntos.

VIVIENDA MULTIFAMILIAR EN POLÍGONO NUEVO. PASANTE: IGNACIO VASQUEZ CURIEL

Familias nucleares en formación, parejas jóvenes: 15 %

Familias nucleares con hasta 3 hijos: 30 %

Familias nucleares numerosas (más de 4 hijos): 25 %

Familias ampliadas (más de una familia por casa): 20 %

Familias de madres solteras: 10 %

La condición de carencia deviene en una férrea relación de sus usuarios en pos de su subsistencia. Desde familias que cuidan a los hijos de otra, cuando su madre sale a trabajar todo el día, redes de trueque, etc. Es fundamental que cuando se piense en estas nuevas formas colectivas de habitar se tenga en cuenta más que nunca la estructura social de las cuadras o manzanas, en tanto ésta es una pieza importantísima en la subsistencia del barrio.

Una característica fundamental de la subsistencia de estos grupos habitativos es el trabajo y clasificación de la basura, lo que comúnmente se llama *cirujeo*, y vemos que muchos destinan espacio de su vivienda al desarrollo de dicha actividad. A este respecto el grupo de proyectistas de POIESIS opta por no avalar esta práctica, el *cirujeo* no es una práctica social que constituye un aspecto fundacional de la forma de vida de estos habitantes sino más bien una alternativa para sobrevivir, en un país cada vez menos equitativo. Tomar este aspecto como algo inspirador de cierta arquitectura es legalizar y congelar una situación que consideramos injusta e insalubre. Es preciso en todo caso, pensar desde la arquitectura cómo se puede propiciar el desarrollo, la activación de otros modos productivos de supervivencia para los usuarios.

Las imágenes que se muestran a continuación han sido producidas por pasantes de investigación en 2006.

Largo plazo

Las acciones descriptas anteriormente son necesariamente parte de una estrategia de largo plazo que contempla cual será el destino de esta zona de Santa Fe.

Por un lado se propone la consolidación de la densidad existente pero con un freno claro a su crecimiento. Es decir, mejorar lo existente, tanto en la vivienda como en la infraestructura, pero evitando la expansión urbana del área. Es preciso llevar el

VIVIENDA MULTIFAMILIAR EN POLÍGONO NUEVO. PÀSANTE: IGNACIO VASQUEZ CURIEL

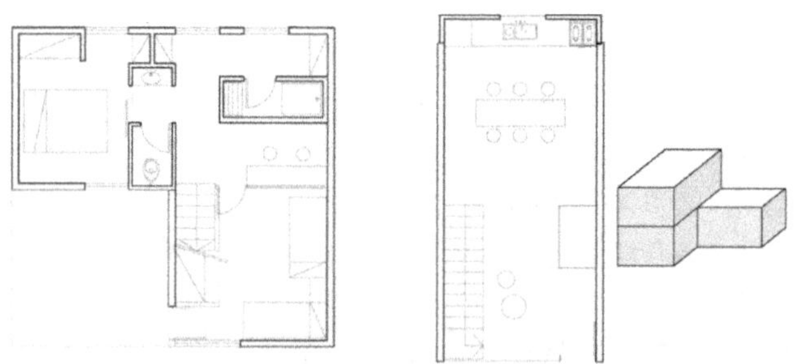

DETALLE DE UNIDAD MÍNIMA PARA FAMILIA NUCLEAR CON HIJOS ADOLESCENTES

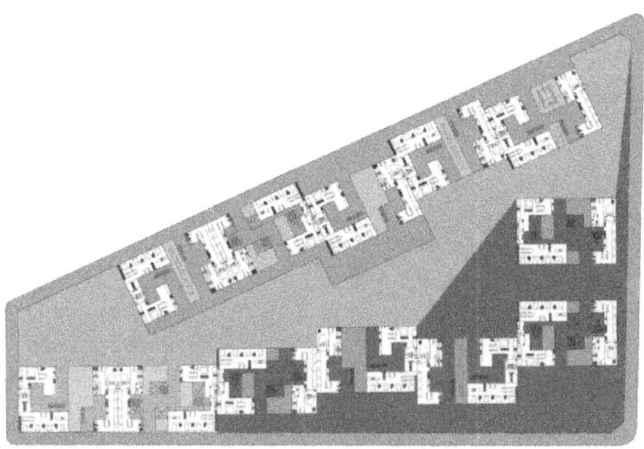

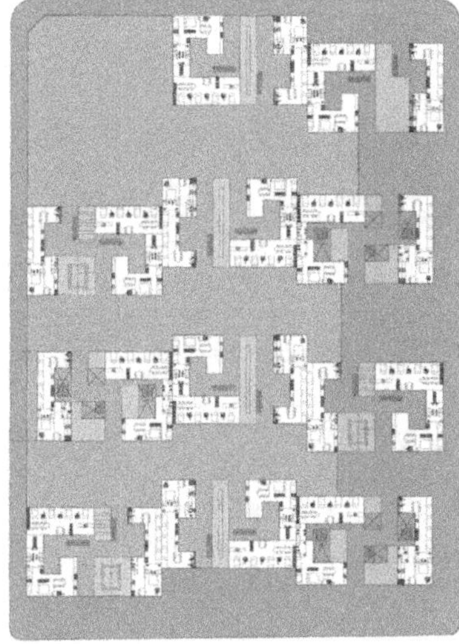

VIVIENDA MULTIFAMILIAR EN POLÍGONO NUEVO
PASANTE: PABLO LIONTI

1. FAMILIA AMPLIADA-ENSAMBLADA
2. JÓVENES AGRUPADOS
3. FAMILIA NUCLEAR
4. FAMILIA NUCLEAR
5. JÓVENES AGRUPADOS
6. NUCLEAR

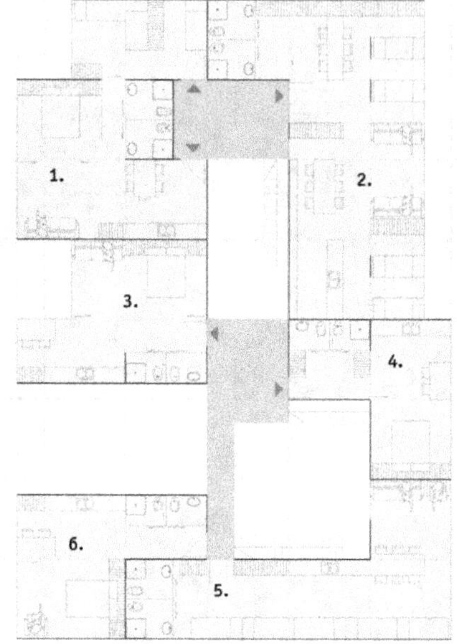

1. FAMILIA AMPLIADA
2. JÓVENES AGRUPADOS
3. FAMILIA AMPLIADA
4. FAMILIA NUCLEAR
5. JÓVENES AGRUPADOS

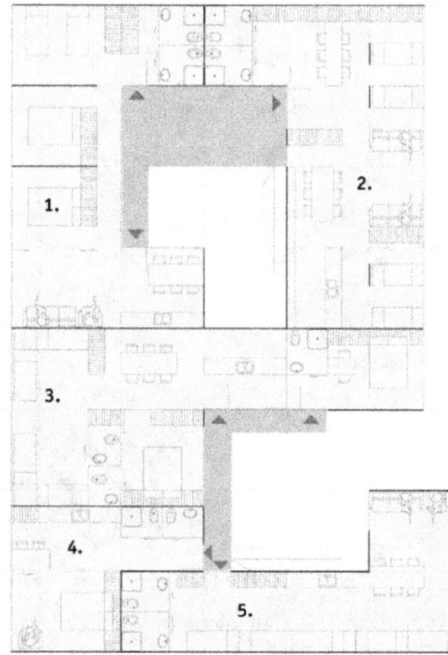

incremento demográfico hacia zonas aptas desde el punto de vista hidráulico, y sobre todo que éstas no supongan elevar el gasto al municipio a la hora de volverlas aptas para el asentamiento humano.

Es una característica bastante frecuente en nuestro país la existencia de un mercado de suelo distorsionado, con zonas centrales muy caras y zonas periféricas muy baratas. Esto se relaciona, por un lado con la histórica estructura terrateniente donde la tierra en pocas manos estaba librada a la especulación de unos pocos, y por otro a la escasa intervención del estado en el mercado del suelo. En la ciudad de Santa Fe este escenario está muy claro. En tanto el municipio no invierta en redes de infraestructura que acerquen ciertas zonas al centro, en tanto los problemas burocráticos respecto de la tenencia de la tierra estatal no permitan disponer de éstas, y en tanto no se promueva la creación de un banco de tierras que permita controlar un poco el precio del suelo, va a ser bastante difícil que se resuelva el problema de los asentamientos precarios.

La inversión en infraestructura en el área Oeste tendría un efecto multiplicador beneficioso, tanto para los habitantes del lugar como para toda la ciudad de Santa Fe.

Es un área de gran potencial, por su cercanía al centro, a la nueva zona de desarrollo del puerto, por su conexión con toda la ciudad por la autopista de circunvalación, por la posibilidad de darle programas a la ciudad de Santa Fe que todavía no posee.

La estrategia de largo plazo estará conformada fundamentalmente por la consolidación de los dos bordes que rodean el reservorio de norte a sur.

Borde Este del reservorio

El borde Este del reservorio estará en relación a un nuevo frente de viviendas colectivas de densidad media y será objeto de la construcción de un nuevo parque lineal con programas recreativos, culturales y deportivos, y programas en relación al gran espejo de agua que tendrá lugar en el futuro. Es fundamental, en ese sentido, para que este nuevo parque pueda ser usado y apreciado por toda la ciudad de Santa Fe, la relación con la calle Mendoza que uniría el parque lineal con el centro y con el área portuaria de Santa Fe.

El parque debe pensarse en relación a una Colectora norte-sur, y un paseo de borde o rambla, como parte del mismo sistema.

El hecho de encontrarle hacia el Oeste un nuevo frente urbano de calidad a Santa Fe, representa un incremento notable de las externalidades de todo el área y por lo tanto una fuerte revalorización de la propiedad. Es claro que es una medida que propicia redistribuciones de la renta urbana y disminuye la especulación al aumentar la oferta de tierra de calidad. Pero también es necesario decir que si no se producen operaciones análogas en todo el borde Oeste de la ciudad de Santa Fe, una acción de este tipo puede producir fenómenos de *gentrificación* y trasladar el problema hacia el Norte.

Borde Oeste del reservorio

La constitución de un borde Oeste pegado a la autopista es fundamental para no trasladar la marginalidad a esa costa, y en tanto es recorrido longitudinalmente por la autopista es un área de oportunidades notables para el despliegue de ciertos programas.

El programa que se piensa para esta área es la de un Mercado, similar al Mercado de Frutos del Tigre, creemos que es un programa que puede nuclear por un lado actividades comerciales y productivas con actividades recreativas. En un mercado al aire libre como el que se piensa aquí pueden venderse, desde frutas y verduras cultivadas por los habitantes de Santa Rosa de Lima, hasta pequeñas manufacturas, artesanías, comidas, etc.

Sería una potencial fuente de ingreso para los habitantes del barrio y un lugar donde los habitantes del resto de la ciudad pueden llegar con gran facilidad. El atractivo radicaría en estar en un parque al borde de un gran lago donde poder consumir cosas que ofrece la ciudad. Las infraestructuras diseñadas para dicha área podrían ser utilizadas no sólo como lugares de expendio de mercaderías sino también como lugares donde se puedan estructurar diversos tipos de producción, es por esto que debe pensarse en arquitecturas flexibles que permitan alternar rápidamente fases de producción y comercialización,

La construcción de este borde tiene que ver también con la posibilidad de asegurar el buen mantenimiento de la defensa aunque sabemos que el ensanchamiento de ésta a través de este programa constituye una dificultad técnica para el escurrimiento de las aguas de lluvia, dicha dificultad puede resolverse con el estudio minucioso de un sistema de aterrazamiento hacia el interior del reservorio.

BORDE ESTE DEL RESERVORIO, PARQUE LINEAL CON PROGRAMA RECREATIVO-DEPORTIVO. PASANTES: GALA TRAVERSA, FLORENCIA CRESPO, LEANDRO CAPPETO, MARTIN ALVAREZ, MARTIN FERRARO

PILETAS INUNDABLES EN PARQUE LINEAL

CAMINERÍAS EN PARQUE LINEAL

MERCADO URBANO SOBRE BORDE OESTE DE RESERVORIO
PASANTES: LEANDRO CAPETTO, MARTÍN ÁLVAREZ

INTERIORES DEL MERCADO

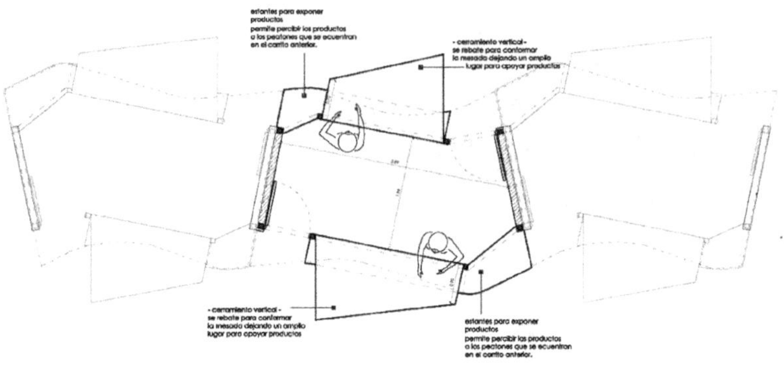

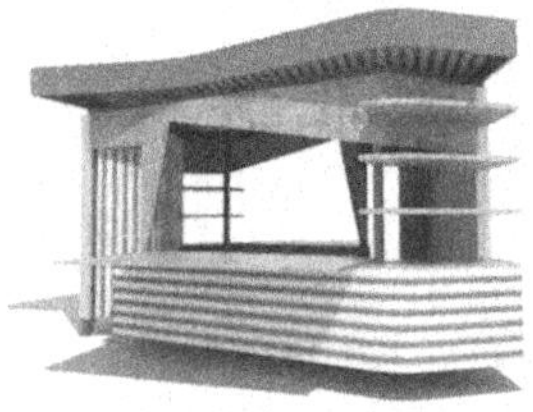

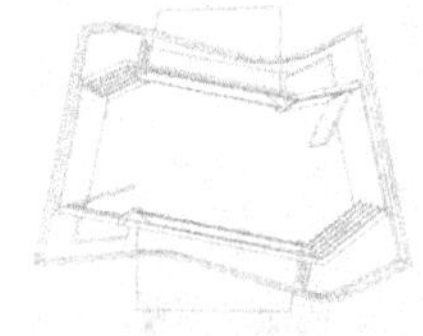

PUESTOS DE VENTA PARA EL MERCADO URBANO

INVERNADEROS COMUNITARIOS SOBRE BORDE OESTE DE RESERVORIO

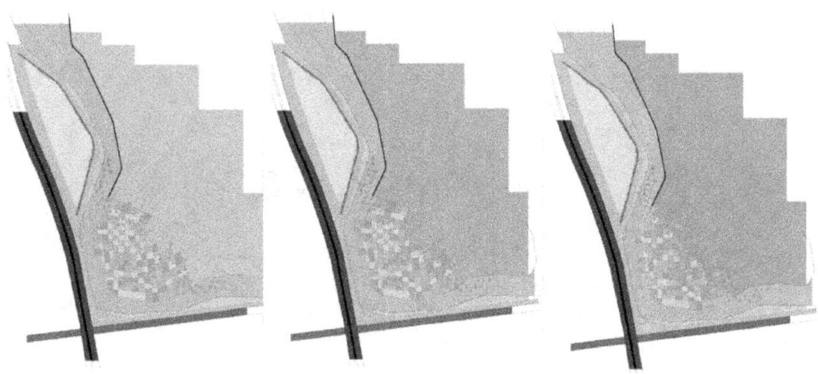

PARQUES INUNDABLES SOBRE BORDE OESTE DE RESERVORIO

EQUIPAMIENTO URBANO EN PARQUES LINEALES

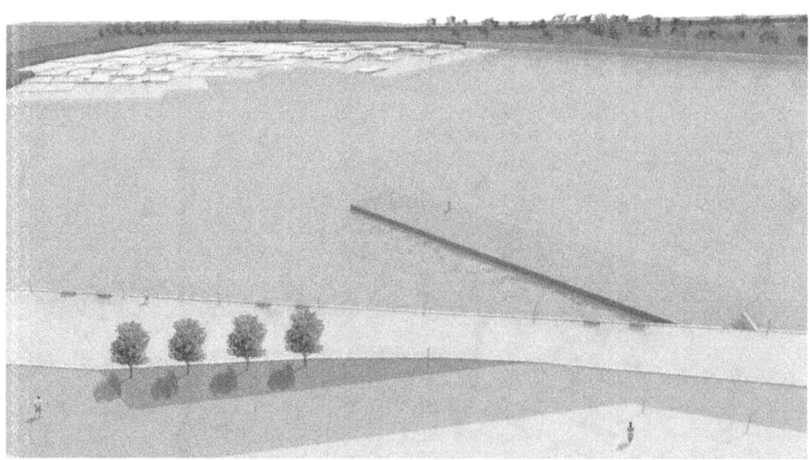

CAMINERÍAS EN PARQUE LINEAL

Bibliografía

ABALOS, Iñaki: *La buena vida*. Gustavo Gili, Barcelona, 2000.

ABALOS, Iñaki; HERREROS, Juan: *Natural Artificial*, LMI, 1999. Catálogo, Gustavo Gili, Barcelona, 1993.

ALEXANDER, Christopher: *Casas generadas por patterns*, Center for Environmental Structure, Berkeley, California, 1969.

———— y CHERMAYEFF, Serge: *Comunidad y Privacidad*, Nueva Visión, Buenos Aires, 1967.

BENEVOLO, Leonardo: *La proyectación de la ciudad moderna*, Gustavo Gili, Barcelona, 2000.

CENTRO DE INVESTIGACIONES HÁBITAT Y VIVIENDA: *90 años de políticas de vivienda en la Ciudad de Buenos Aires*, SI, FADU, UBA, Buenos Aires, 2000.

CARMONA, Marisa, ARRESE, Álvaro: *Globalización y grandes proyectos urbanos*, Ediciones Infinito, Buenos Aires, 2002.

Cátedra Psicopatología Infanto-Juvenil, Prof. Dr. Carlos Collazo: *Estrés Traumático en niños*.

EISENMAN, Peter: "El fin de lo clásico, el fin del comienzo, el fin del fin", en *Arquitecturas bis*, N° 48, Barcelona, 1984.

GAUSA, Manuel: *Housing I. Nuevas alternativas, nuevos sistemas*, Actar, Barcelona, 1997.

GINZBURG, Moisei: "Los nuevos métodos del pensamiento arquitectónico", en HEREU, Pere; MONTANER, Josep María y OLIVERAS, Jordi: *Textos de arquitectura de la modernidad*. Nerea, Madrid, 1994.

HABRAKEN, John: *Supports: an Alternative to Mass Housing*, Urban International Press, Jonathan Teicher, UK, 1999.

———— *The Control of Complexity*, Places, Vol. 4, No. 2, UCLA, 1987.

HEIDEGGER, Martin: *Construir, Habitar, Pensar*, en: <www.heideggeriana.com.ar>.

KORDON, Diana; EDELMAN, Lucila; LAGOS, Darío: "Operatividad de las tareas psicoasistenciales grupales en situaciones de emergencia social", en *Temas grupales por autores argentinos*, tomo II, Ediciones Cinco. Buenos Aires, 1988.

LE CORBUSIER: *Obras completas 1910-1965*, Gustavo Gili, Barcelona, 2001.

LIBESKIND, Daniel: *City without plan*, Blau, Lisboa, 1992.

MANDOKI, Katya: *Prosaica. Introducción a la estética de lo cotidiano*, Grijalbo, México, 1994.

Material de la cátedra de *Emergencias Psicosociales*, Licenciatura en Psicología Social, Escuela de Psicología Social del Sur.

MORALES, José Ricardo: *Arquitectónica*, Biblioteca Nueva, Madrid, España, 1999.

NORBERG SCHULZ, Christian: *Intenciones en Arquitectura*, Gustavo Gili, Barcelona, 1998.

OLIVERAS, Elena: *Estética, la cuestión del arte*, Planeta / Ariel, Buenos Aires, 2004.

OLIVERI, Teresa: *Definición de Riesgo*.

ORGANIZACIÓN PANAMERICANA DE LA SALUD: "Coordinación de las actividades de respuesta ante un desastre y evaluación de las necesidades de salud", en *Los desastres naturales y la protección de la salud*, OPS, Publicación científica N° 575, Cap.5 pág. 33, Washington DC, 2000.

————— "Manejo de multitud de víctimas", en *Los desastres naturales y la protección de la salud*, OPS, Publicación científica N° 575, Cap.6, Washington DC, 2000.

————— "Planificación de los asentamientos y campamentos", en *Los desastres naturales y la protección de la salud*, OPS, Publicación científica N° 575, Cap.10, Washington DC, 2000.

PÁEZ, Darío, ARROYO, Elena, FERNÁNDEZ SEDANO, Itziar: Catástrofes, situaciones de riesgo y factores psicosociales, Fundación Mapfre, Buenos Aires, 1995.

SARQUIS, Jorge: *Itinerarios de Proyecto 1: Ficción Epistemológica. La Investigación Proyectual como forma de conocimiento en arquitectura*, Nobuko, Buenos Aires, 2003.
————— *Itinerarios de Proyecto 2: Ficción de lo Real. La Investigación Proyectual como forma de conocimiento en arquitectura*, Nobuko, Buenos Aires, 2003.

2. Estado de situación
Conclusiones | Recomendaciones

LUIS AINSTEIN, febrero 2006

A partir de la consideración de los antecedentes recogidos y de las elaboraciones procesadas hasta el momento por parte del Grupo Responsable del Proyecto, así como de los intercambios desarrollados en la visita local efectuada durante el día 14 de febrero de 2006, en el cual se entrevistaron, respectivamente a: los funcionarios responsables de la Secretaría de Planeamiento Urbano de la municipalidad local; una representante de la bancada (oficialista) del Concejo Deliberante local, con actuación específica sobre la problemática en estudio; y un funcionario del Instituto de Recursos Hídricos de la Provincia de Santa Fe, se propone lo siguiente:

Consideraciones relativas a la caracterización del soporte micro-regional / urbano del objeto de estudio particularizado (barrio Santa Rosa de Lima)

Las características altimétricas y topográficas del territorio sobre el que se ubica la ciudad de Santa Fe, y los impactos hidráulicos a los que consecuentemente se halla sometida, deben considérarse cruciales frente a las condiciones estructurales en que encuentra despliegue su desarrollo urbano. Sobre tal contexto se inscribe, en sentido amplio, el objeto de estudio específico del Proyecto: la concepción de opciones proyectuales relativas al mencionado sector de hábitat popular.

Ello es así porque, por encontrarse tal territorio enclavado entre las cuencas relativamente próximas, de dos cursos fluviales de muy significativa trascendencia, a partir tanto de sus respectivos volúmenes de escurrimiento cuanto del régimen dinámico de cada uno de los mismos, así como de la circunstancia de que uno –el Salado– resulta tributario cercano del otro, los espacios ubicados entre las planicies de inundación de ambos cursos de agua deben valorarse como de carácter altísimamente sensible.

Desde el punto de vista de las circunstancias altimétricas, la ciudad ubica su eje longitudinal en el sentido Norte/Sur, sobre el que tienden a concretarse los valores más elevados disponibles en el espacio interfluvial. A partir de tal eje se despliegan curvas de nivel someramente descendentes en rumbo Este hacia la cuenca del Río Paraná, en cuyo frente se encuentra construida una defensa de gran entidad y desarrollo cuyo coronamiento se concreta en la cota de 9,00 mts en relación a la escala de referencia del puerto de la ciudad.

Hacia el Oeste, en el rumbo del cauce del Río Salado del Norte en cambio, el gradiente altimétrico desciende de manera mucho más abrupta, y constituye, por tanto, el ámbito de escurrimiento pluvial de una proporción no menor al de la mitad del total de la planta urbana. También en ese frente se ha construido un talud de defensa, recientemente completado, y extendido en el rumbo Norte, con la misma cota de remate que la antes mencionada, con vistas a configurar una barrera al ingreso de las aguas de crecidas del mencionado río. Pero, por las circunstancias topográficas señaladas, ha resultado constituido un sumidero pluvial, y de aguas servidas, de significativa extensión, al pie del lado Este de tal defensa, cuya dinámica hidráulica resulta también asociada a la de la napa freática, posicionada habitualmente en un nivel muy cercano al de la superficie del suelo. Es decir que la franja Oeste de la ciudad se encuentra sometida, desde el punto de vista hidráulico, a una triple demanda, a saber: a) la relativa a la dinámica del Río Salado, y a la relación de la misma con la cuenca Paraná, de la que es afluente a la altura del borde Sur de la ciudad; b) la que se origina en el régimen pluvial de la micro-región; y c) la relativa a los aportes de la napa freática.

Como consecuencia, toda la banda del Oeste urbano opera en condiciones hidráulicas muy severas, tanto por calidad como por cantidad, en contextos cuyas condiciones críticas pueden resultar adicionadas, y que, asociadas a las generalizadas carencias de drenajes cloacales y pluviales que afectan a ese sector urbano, así como al despliegue de actividades de acopio y clasificación de residuos sólidos, y a su disposición final al interior del mencionado precinto, generan un escenario de criticidad y carencia de sustentabilidad tanto ambiental como social extremas.

En tal contexto, el impacto de las inundaciones del año 2003, de carácter anormalmente crítico, deben valorarse como de carácter atípico en lo cuantitativo, aunque absolutamente previsibles y genéricas en sus aspectos cualitativos.

Como consecuencia de tales niveles de criticidad de afectación, la provincia de Santa Fe ha promulgado una ley relativa a áreas inundables de aplicación en la escala del total de la jurisdicción provincial, en relación a sectores tanto urbanos como rurales, y que prevé el establecimiento de polígonos cuya utilización prospectiva habrá de resultar fuertemente condicionada, de acuerdo a sus respectivos niveles de criticidad. Tal pieza normativa habrá de resultar reglamentada en general, y aplicada en cada ámbito urbano de la provincia, y como tal, integrada en

las condiciones de regulación de Uso del Suelo, y más generalmente, de las políticas, planes y programas de gestión urbana y
rural locales relativas a la ciudad de Santa Fe.

Tales determinaciones habrán de resultar informadas por posicionamientos de innegable carácter ideológico frente a los niveles de confiabilidad a otorgar a las defensas materiales dirigidas
a contener las crecidas fluviales, que pueden diferenciarse, a nivel extremo, y en cuanto a los cometidos mecánicos involucrados, entre opciones de naturaleza determinista, a diferencia de
probabilista. Es decir, a niveles de confiabilidad absoluta, frente
a solamente relativa, en cuanto a la funcionalidad esperable de
tales obras, respectivamente. También, y de carácter no menos
trascendente, debe tenerse en cuenta que tales determinaciones
resultan incididas por temáticas de otro carácter, aunque de similar complejidad, relativas a las relaciones sociales y políticas
que resultan implicadas por involucrar a cada uno de los sectores sociales, así como a sus patrimonios, y muy particularmente,
a los potenciales de urbanización –y consecuentemente de rentas
potenciales– resultantes relativas a cada porción de suelo.

Es decir, se encuentran todavía pendientes de formulación y
de promulgación jurídico-administrativa de los pronunciamientos regional (provincial) y local (municipal), de carácter guber-
namental, involucrando al Gobierno de la Provincia de Santa Fe
y al de la ciudad del mismo nombre, que habrán de determinar
las condiciones prospectivas de estructuración y utilización de
los sectores sometidos a riesgos hídricos de la ciudad de Santa
Fe, por excelencia aquellos que constituyen su franja oeste.

Al mismo tiempo, deben señalarse en relación al tejido construido de la ciudad en su conjunto la vigencia de unas intensidades edificatorias cuyos promedios resultan moderados, así
como la existencia de muy significativos "vacíos urbanos", entre
los cuales deben computarse como de gran significación, tanto

por su extensión como por sus condiciones de localización, en todos los casos centrales y constitutivas del continuo urbano, el ámbito de la estación terminal del ex-FCGB y del puerto, así como algunos polígonos extensos en el borde norte de la ciudad.

También, que el área micro-regional que resulta polarizada en torno de la ciudad de Santa Fe alberga un conjunto de localidades urbanas pequeñas, razonablemente articuladas por vías de comunicación tanto ferroviarias como viales con aquélla.

Consideraciones relativas a las opciones de abordaje frente a los cometidos del Proyecto de Investigación en el marco de las circunstancias vigentes

En el contexto planteado que antecede, cabe considerar las siguientes opciones de trabajo –que no debieran entenderse como mutuamente excluyentes y que más adelante se comentan de manera particular– con vistas a cumplimentar los cometidos del Proyecto:

I. Elaborar alternativas proyectuales relativas a vivienda y hábitat populares, ajustadas a la localización actual y a las condiciones vigentes del barrio Santa Rosa de Lima.

II. Elaborar alternativas proyectuales relativas a vivienda y hábitat populares en localizaciones alternativas no sometidas a riesgos naturales significativos, localizadas al interior, o por extensión de los bordes externos, de la ciudad de Santa Fe.

III. Elaborar alternativas proyectuales relativas a vivienda y hábitat populares en localizaciones alternativas no sometidas a riesgos naturales significativos al exterior de la ciudad de Santa Fe, aunque al interior del propio ámbito de polarización micro-regional de la misma.

Resulta oportuno formular en relación a cada una de tales opciones las siguientes consideraciones:

a. En relación al punto i, cabe señalar que la actual –y previsiblemente prolongada– indeterminación de las condiciones de regulación del Uso del Suelo, y en general de las políticas públicas que necesariamente, en función de la normativa vigente, habrán de afectar al área de Santa Rosa de Lima, y que se encuentran todavía pendientes de resolución, constituyen a la misma en un campo de intervención meramente referencial, con amplias posibilidades de resultar, tanto inviables, si los planteos adquiriesen un carácter utópico en lo social o en lo técnico, o como eventualmente indeseables, si así no lo hiciesen.

Debe señalarse muy especialmente que un pronunciamiento como el de la ampliación de los reservorios hídricos, y consecuentemente la "limitación" de sectores en proceso de urbanización (los bordes al Oeste del Barrio Santa Rosa de Lima) –comentado en "Plan Integral para la recuperación del Borde Oeste-Zonas afectadas por la inundación 2003". Secretaría de Planeamiento y Patrimonio Cultural de la Ciudad de Santa Fe– resultan meramente referenciales, al no resultar ajustados a las –todavía inexistentes– determinaciones resultantes de la normativa provincial y municipal mencionada más arriba.

En los niveles simbólico e institucional, considero que pronunciamientos que tiendan a preservar el carácter cuasi-urbano, o supuestamente urbano, y prevalentemente residencial, del mencionado sector, o que puedan ser entendidos como favorables a tal preservación, resultan totalmente equívocos, y por tanto indeseables, desde la UBA, y en particular desde el Grupo de Investigación involucrado. Ello por tratarse de un sector urbano con gravísimas limitaciones de sustentabilidad –como ha sido explicado más arriba–, y por tanto, de dudosa, y carísima, factibilidad de mejoramiento sustantivo.

Considero también –aún reconociendo el carácter ideológico de tal encuadramiento, pero suponiendo también que no existen instrumentos formales que otorguen apropiados niveles de certeza en la consideración del tipo de problemática involucrada– que resulta inaceptable otorgar niveles de confiabilidad absoluta a las obras de defensa hidráulica del Salado en su condición actual, lo que implica reconocer limitadas potencialidades, al menos como ámbitos prevalentemente residenciales, al sector urbano que consideramos. Como consecuencia, no deberían ejercitarse, en relación al mismo, aportes de carácter proyectual de significativa entidad, sino solo, y eventualmente, el pronunciamiento respecto de equipamientos urbanos de jerarquía restringida y de carácter paliativo para enfrentar catástrofes similares a la del año 2003, en tanto se promueve su relocalización generalizada.

b. En relación con el punto II, constituiría una manifestación nítida de posiciones proclives al enaltecimiento estructural de las dramáticas condiciones de inserción histórica y presente de los sectores sociales urbanos marginales, incitando al reconocimiento, a través de sus manifestaciones de factibilidad, al menos proyectual, de su significativa trascendencia.

Desarrollos del tipo que consideramos implican, por otra parte, la trascendente discusión acerca de las opciones de concreción de hábitat popular según densidades medias y altas, de entre 500 y 1.000 habitantes por hectárea/neta, particularmente en contextos como el que consideramos, en el que tienen innegable vigencia las restricciones de financiamiento, así como de prioridad relativa, de las dotaciones de infraestructuras y servicios urbanos a nivel urbano generalizado, y que de manera innegable han de seguir teniendo similar vigencia en el futuro cercano. En tal tipo de contextos, las condiciones de accesibilidad física –a los ámbitos con tales dotaciones, en este caso los de carácter más central de la ciudad– adquieren carácter crucial, lo que constituye un justificativo innegable para la adopción del tipo de opciones que aquí consideramos.

Dos lugares específicos pueden considerarse tentativamente a tales efectos: las extensas, e inutilizadas, tierras fiscales del puerto, en relación a las cuales parece encontrarse en marcha la consideración de su cambio de uso a favor de actividades fuertemente selectivas, como un casino y otros equipamientos de similar carácter.

Poseen alta centralidad locacional, excelente potencialidad desde el punto de vista ambiental –al resultar cuasi-exentas de riesgo hídrico, y con excelentes potenciales en términos de asoleamiento, ventilación y visuales– y, seguramente, de disponer de componentes troncales de servicios infraestructurales esenciales.

Otro recurso de suelo relativamente extenso, a similares fines, podría ser el localizado en el borde norte del tejido urbano existente.

En relación al punto III, se trataría de profundizar la concreción de un proceso histórico de larga data, consistente en la configuración de una red de localidades urbanas pequeñas localizadas en el ámbito micro-regional de la ciudad de Santa Fe. Tales localidades (existentes) podrían constituirse en sedes del avance de sectores de hábitat popular desarrollados según densidades medias y medio-bajas, de entre 500 y 300 habitantes por hectárea/neta.

Dos características resultarían excluyentes para justificar tal tipo de emprendimiento, a saber: por una parte, que se tratase de territorios no sometidos a riesgo hídrico, y por otra, que pudiese garantizarse a sus habitantes la accesibilidad a través de servicios de transporte público masivo, no solamente a los ámbitos centrales de cada una de tales localidades, sino de los de la misma ciudad de Santa Fe.

En síntesis: se trata de abordar –de acuerdo a la opción I– las condiciones proyectuales de unidades de equipamiento urbano relativos a recursos paliativos frente a emergencias en el propio territorio de Santa Rosa de Lima; de concebir, de acuerdo a la opción II, las condiciones proyectuales de sectores de hábitat popular de intensidades medias y altas al interior y/o en las áreas de borde la ciudad de Santa Fe; y, por fin, de concebir, de acuerdo a la opción III, las condiciones proyectuales de sectores de hábitat popular de intensidades medias y medio-bajas en el ámbito de localidades urbanas que, aunque más allá de la ciudad de Santa Fe, garantizarían a sus habitantes las condiciones de acceso a la misma con cometidos laborales, así como de acceso a servicios urbanos jerárquicos.

Consideraciones relativas a las pautas operativas del Proyecto de Investigación

Si se valorasen como oportunas las consideraciones mencionadas en el punto anterior, en particular las opciones de actividad I, II y III desarrolladas en el mismo, pareciera imprescindible compartir de inmediato tales posiciones con los responsables de la Secretaría de Planeamiento y Patrimonio Cultural de la Ciudad, con vistas a promover su adhesión y colaboración.

Si tal fuese la circunstancia, deberían identificarse, con el asesoramiento y/o apoyo de tales funcionarios, localizaciones alternativas relativas tanto a la opción II como a la III.

A partir de tal situación resultará factible desplegar las actividades de investigación y práctica proyectual que constituyen el cometido específico del presente Proyecto.

3. Afrontar la amenaza hídrica reduciendo la vulnerabilidad

APORTES PARA UNA GESTIÓN DE EMERGENCIAS Y DESASTRES NATURALES DESDE LA PERSPECTIVA DE LA PLANIFICACIÓN REGIONAL URBANA

RÓMULO PÉREZ

"[...] así supe que cuando se fundó Santa Fe, se encontró un gran raigón en el sitio donde está hoy la plaza, y un indio, que acompañaba a los delineadores, dijo que quien lo había traído, es decir el río, vendría a buscarlo, profecía felizmente no cumplida, aunque yo haya visto llegar el agua a una cuadra del lugar [...]"

(CARLOS A. ALDAO, CIRCA 1921)

Región, ciudad e inundación

Inundaciones

El presente trabajo trata sobre *inundaciones producidas por crecidas fluviales* que afectan suelo urbanizado, presentando una reiteración de eventos extraordinarios que no siguen patrones cíclicos o regulares. Tal situación de incertidumbre –aunque no de imprevisibilidad– es consecuencia de la dinámica hídrica de la cuenca, su correlación relativa con el comportamiento del clima en escalas muy extensas y con modalidades de ocupación de tierras de variado grado de peligrosidad hídrica, tales como el valle aluvial de los ríos de llanura. El conjunto reconoce situaciones problemáticas de carácter tanto regional –y eventualmente supraregional o global– como local. Entre muchos otros casos, tales son las características del Río Pasaje-Juramento-Salado, río de carácter interjurisdiccional, tributario del Paraná a la altura de la ciudad de Santa Fe.

Desde una perspectiva regional, las inundaciones de llanura pueden clasificarse en dos grandes tipos: el *desborde de cauces o inundación fluvial* y el *anegamiento o inundación pluvial*.

i. El *desborde de cauces* o *inundación fluvial* se produce cuando ríos de llanura reciben agua de sus nacientes y la crecida se traslada aguas abajo superando su cauce y extendiéndose sobre los espacios adyacentes del valle aluvial. Esto se denomina en hidrología *almacenamiento lateral* y es una forma de que el exceso de escurrimiento del curso que produce la onda de crecida, se atenúe en su camino aguas abajo. *Es el caso del río Paraná y también del río Salado.*

ii. El *anegamiento* o *inundación pluvial* se origina en excesos hídricos por precipitaciones, con o sin el aporte de crecidas, sobre una cuenca sin suficiente energía hidro-morfológica (pendiente). En la llanura el agua pluvial, una vez saturada la capacidad de infiltración del suelo, forma "lagunas" que se mueven muy lentamente debido a la baja pendiente, con ningún o muy pequeño movimiento horizontal y una gran permanencia, pues la terminación de esa fase se producirá principalmente por evaporación y según la pluviosidad anterior que determina el nivel de la freática, por infiltración. *Es el caso de la llanura arreica del NE de la provincia de La Pampa.*

Se consideran aquí sólo los fenómenos vinculados a la primera caracterización. Asimismo, los anegamientos intraurbanos producto de la inexistencia o deficiencias en la red de drenaje urbano, así como los resultantes de microcuencas urbanas cerradas, no resultan incluidos en el presente trabajo. El afloramiento de napas en la proximidad del cauce se supone resultante de la naturaleza hidrogeológica de ese particular sector del río.

Disciplinas implicadas

Aunque la Década Internacional para la Reducción de los Desastres Naturales, *DIRDN / IDNDR 1990-2000*, colaboró en la difusión y el desarrollo de una cultura de la prevención, el campo de los estudios relacionados con los desastres no dispone aún de un cuerpo teórico y metodológico común a las disciplinas que habitualmente allí concurren.

I. Carentes de un paradigma, dominados hegemónicamente por las *ciencias básicas* y la *ingeniería*, y alentados por *esquemas economicistas* impuestos por los organismos financieros internacionales, los estudios y acciones relativos a la mitigación de los desastres giran en torno a explicaciones causalísticas fragmentarias provenientes de sectores ultra especializados y con limitada capacidad de interactuación. De esta manera, cada resultado posee el contenido conceptual impuesto por los sectores que tuvieron mayor posibilidad para imponer sus posicionamientos sectoriales.

II. Las *ciencias sociales* no poseen todavía en este campo un desarrollo conceptual con capacidad interventiva que permita incorporarse con solvencia a la problemática señalada. Desdichadamente, abundan en el interior de estas disciplinas, ejercicios tendientes a aumentar la brecha entre ciencias *duras* y sociales y existen más posiciones dogmáticas que lo deseable.

III. Por otro lado, los responsables de la planificación y la gestión de centros urbanos y regiones hicieron endebles méritos respecto de esta temática, particularmente en países como Argentina, donde, salvo ejemplos excepcionales, tanto la planificación como la gestión urbana suelen soslayar el pesado condicionante de los desastres, evitando así colaborar en disminuir sus consecuencias o aportando por acción u omisión, a su agravamiento.

IV. Finalmente, la problemática dista de ser superada mediante la intervención autónoma de la arquitectura, disciplina que debiera resultar en tales casos, integrada y condicionada a la interactuación de temáticas conceptualmente estructurales.

Antecedentes

De acuerdo a diversas fuentes históricas, la segunda fundación de la ciudad de Santa Fe fue motivada por dos cuestiones que amenazaron la original localización: los conflictos con los indios y la erosión de sus costas, otro fenómeno hídrico que afectaba a Cayastá y obligaron a su abandono. El emplazamiento finalmente decidido pareció apto para la nueva ciudad de acuerdo a los requerimientos del puñado de pobladores, a la tecnología de la época y a los conocimientos que disponían los expedicionarios coloniales españoles.

Sin embargo, desde tiempos lejanos es advertible el peligro que con cierta recurrencia, amenazaba –y amenaza– a ese emplazamiento urbano. La ciudad sufrió inundaciones de diversa magnitud y se expandió sobre suelo proclive a la amenaza hídrica, incrementando el riesgo. Durante el pasado siglo, el Río Paraná (al este) presentó crecidas extraordinarias en los años 1905, 1966, 1982-83, 1990 y 1992 y 1998. Las crecidas del Río Salado (al oeste), como la de 2003, son menos frecuentes, presentando cotas extraordinarias en 1915 y 1973.

Pese a algunas medidas de seguridad adoptadas, las inundaciones produjeron significativos daños y víctimas, no sólo en Santa Fe sino en muchas ciudades a lo largo de la planicie de inundación correspondiente a la gran llanura chaco pampeana, lo que alimenta interrogantes acerca de la eficiencia de las políticas aplicadas en materia de planificación de la llanura de inundación. En la provincia de Santa Fe otro reciente caso resulta altamente significativo:

> *"[...] El aluvión que en diciembre de 2000 afectó 2500 viviendas y mató 5 personas en una ciudad del sur santafesino, se abatió sobre un valle aluvial obstruido por asentamientos urbanos permanentes con subdivisión catastral. Significativamente, dos años antes el Consejo Deliberante local había aprobado la Ordenanza 3855/98 restringiendo la ocupación de las áreas lindantes al arroyo, mediante la disposición de tres bandas de distinto grado de restricción al uso del suelo. Una vista a las cartas topográficas de la zona permite comprender que se había parcelado la misma 'cañada', es decir el valle del arroyo. El nombre de la ciudad remite a la idea de una errónea localización. La ciudad se llama Cañada de Gómez [...]"*
> (PÉREZ, 2004)

Pareciera que la abundante y calificada información científico técnica desarrollada en Argentina en el campo de las ciencias hídricas, la meteorología y la ingeniería hidráulica desde hace muchas décadas, recurso humano de imprescindible empleo para la planificación regional urbana de la llanura de inundación, no pudo asociarse ni articularse con otras dominios temáticos en pos de formular e implementar políticas de desarrollo eficientes y equitativas. Las anteriores menciones ilustran acerca de una reiterada y desacertada relación del hombre con su medio natural, relación que se nutre de un cúmulo de justificaciones que, lejos de superar las adversidades, profundizan progresivamente la problemática.

Expansiones fácticas sobre suelo no apto (hipótesis básicas)

En relación con áreas urbanas bajo riesgo hídrico, suelen ser habitualmente abundantes las especulaciones temáticamente sectoriales –y de reducido o nulo fundamento científico técnico– respaldando y promoviendo la *ocupación de suelo no apto para usos urbanos*. Son también frecuentes las manifestaciones de sorpresa ante la ocurrencia de fenómenos hídricos habitualmente previsibles. Sin embargo, la experiencia nacional e internacional resulta contraria a la aplicación de tales estrategias de desarrollo urbano, conocidas corrientemente bajo el eufemismo de *ganarle tierras al río*. Asimismo, las intervenciones para acondicionar tales espacios resultan con habitualidad, un paliativo que incluso puede agravar la problemática –como lo demostró la expansión urbana de Santa Fe sobre el valle aluvial del Río Salado– ante la ocurrencia de fenómenos no contemplados por enfoques fuertemente sesgados, en los que prevalecen sólo algunas pocas de las complejas y dinámicas variables en juego.

Tanto la ocupación fáctica y espontánea como la localización conforme a procedimientos irresponsablemente formales del uso del suelo del valle de inundación de un río, suelen resolver de manera no satisfactoria –y por lo tanto no sustentable– el dilema de su ocupación. Resulta entonces un insumo prioritario e imprescindible el conocimiento científico del comportamiento hídrico y la caracterización y categorización del suelo. Bajo tales condiciones, podrá establecerse una planificación de la llanura de inundación, determinándose tanto los usos del suelo admisible y no admisible, como sus modalidades de ocupación, de acuerdo al grado de peligrosidad específico relativo al comportamiento prospectivo previsible de cada tramo particularizado del río. Es deseable además, que los estándares de seguridad que así se establezcan, no sean posteriormente objeto de *negociaciones flexibilizadoras* tendientes a lograr por la vía administrativa, excepciones a la norma.

¿Enfrentar los fenómenos naturales o convivir con el riesgo?

La experiencia mundial reciente relativa a emergencias y desastres naturales producidos por inundaciones fluviales se orienta en materia de políticas de prevención y mitigación hacia la reducción del riesgo, a la disminución de la vulnerabilidad mediante la adopción de medidas no estructurales, antes que a la disminución del riesgo mediante el control del peligro a través del uso prevalente y hegemónico de medidas estructurales. Ello no cuestiona la necesidad de las obras de protección, aunque si relativiza su uso indiscriminado y/o exclusivo.

El incremento de población bajo exposición al peligro –sea éste manifiesto o potencial– resulta correlativo al incremento de víctimas y daños resultantes. En consecuencia, es preciso adoptar modalidades de vida que contemplen los patrones de peligrosidad y desarrollen la cultura de la prevención, adaptando/reestructurando el hábitat construido a niveles aceptables de riesgo, antes que pretender *dominar la naturaleza*. Como condición prioritaria de admisibilidad, las propuestas alternativas de expansión y/o de protección urbana debieran evaluar en términos rigurosos y exhaustivos las posibles y probables pérdidas vitales, sociales, económicas y patrimoniales públicas y privadas, con sentido prospectivo, más allá de los habituales Análisis de Costo y Beneficio (ACB).

La ciudad de Santa Fe y el río Salado

Consideraciones sobre la ocupación del valle aluvial del Río Salado. Causas

En el mes de abril del año 2003 la cuenca baja del Río Salado recibió precipitaciones extraordinarias. El día 27, las aguas avanzaron sobre la localidad de Recreo –al norte de la capital de Santa Fe– alcanzando un caudal extraordinario. La crecida superó la cota de los 8,50 metros sobre el hidrómetro local, produciéndose con gran violencia, una grave inundación en la ciudad de Santa Fe. La zona más afectada, fue el Oeste de la ciudad, un área correspondiente al valle aluvial del Río Salado, artificialmente estrangulada y densamente urbanizada.

La descripción y consideración específica de los causales desde el punto de vista hídrico, hidráulico y meteorológico abundan en cantidad y calidad en sendos informes encargados por la provincia de Santa Fe a la Facultad de Ingeniería y Ciencias Hídricas local, así como a la CEPAL por intermedio de la Organización de Estados Americanos, a los que nos remitimos sobre el particular.

Sin atender la dimensión regional de la problemática, una aproximación a la escala urbana del evento en la ciudad de Santa Fe, lleva a considerar que tanto las inadecuadas infraestructuras viales como las obras de defensa, lograron embalsar la crecida extraordinaria, cuya masa ingresó violentamente por una sección incompleta de la defensa al Norte de la misma resultando, en el momento de máxima crecida, que el nivel del agua al interior de la zona defendida era mayor que la del mismo río.

Las estaciones de bombeo resultaron insuficientes y tuvo que recurrirse a la voladura de los terraplenes para que el agua regresara al cauce.

Este desgraciado hecho puso de manifiesto la ineficiencia tanto de las medidas estructurales y no estructurales, como así también la inadecuación de las políticas de desarrollo urbano y gestión de riesgo adoptadas, destacándose la falta de coordinación y la autonomía relativa de distintas acciones concurrentes en un mismo territorio a lo largo del tiempo. La fragmentación e inarticulación entre dominios temáticos resultan replicados en las relaciones intra/interinstitucionales e interjurisdiccionales, situación que comprende la totalidad de los niveles y jerarquías que van desde lo nacional a lo local.

Pero quizás la causa más evidente –y más frecuentemente ignorada o burdamente justificada– resulte ser *la desacertada expansión urbana y construcción de importantes obras de infraestructura dentro del valle aluvial del río, es decir, obstruyendo y reduciendo el área de almacenamiento lateral de los excesos hídricos extraordinarios.* Este hecho –por demás previsible por propia definición–, resulta incompatible con la localización de usos urbanos, ya que se constituye en agente directo de exposición al peligro de miles de pobladores y de sus bienes, como así también al equipamiento estratégico y a los medios de vida de esa sociedad. La decisión inequitativa de urbanizar tierras amenazadas implica concentrar allí a una comunidad que resulta así no sólo *socialmente estratificada*, sino *espacialmente segregada.*

Jurisdicciones, Instituciones y Normativas.

Los estudios relativos a la gestión de desastres tendientes a producir políticas y reformas institucionales adecuadas, debieran examinar, diagnosticar y proponer transformaciones estructurales con relación al cuerpo institucional, jurisdiccional y jurídico que tiene incumbencia en los distintos niveles y escalas en los que se manifiestan los procesos que originan las emergencias y desastres. Esto corresponde al orden general, que excede pero también comprende las particularidades locales.

Tanto en el caso de Santa Fe –como en el de sus homólogos–, merecen destacarse como jurisdicciones implicadas, con distinto nivel de actuación y grado de responsabilidad, los diferentes niveles jerárquicos del Estado: i) Nacional, ii) Provincial, iii) Local y iv) Organismos Regionales de funciones y atribuciones restringidas y específicas. En el caso de Santa Fe, el Comité de Cuenca del Río Juramento Salado.

La Ley Nº 11.730 de Uso del Suelo

La Provincia de Santa Fe dispone de la Ley de Uso de Suelo Nº 11.730, instrumento que trata en realidad, acerca *"del uso de bienes situados en las áreas inundables dentro de la jurisdicción provincial"*, (Art. 1°, Objeto) no resultando abarcativa del *uso del suelo provincial* en sentido extenso. La ley está reglamentada mediante el Decreto Nº 3.695/03

Este acertado instrumento normativo resulta trascendente en el proceso de implementación de políticas de desarrollo urbano y de gestión de desastres, y aunque necesario, no resulta suficiente. En cuanto a la materialización de lo estipulado en la ley, cabe advertir que elementos clave, como la cartografía de peligrosidad hídrica, no están aún disponibles a dos años del desastre de abril de 2003. Los estudios previos para la confección de la cartografía –no finalizados todavía– están en elaboración de acuerdo a lo estipulado en un convenio suscripto entre la Provincia e INA, Instituto Nacional del Agua, conjuntamente con la Facultad de Ciencias Hídricas de la UNL.

Normativa municipal atinente

"La Municipalidad de Santa Fe, por medio de la Secretaría de Planeamiento Urbano y en función de las fotos aéreas de la catástrofe, determinó una zonificación provisoria, con acuerdo de la Provincia y por el lapso de dos años, hasta tanto se determine la definitiva." Fuente: Dirección de Planeamiento Urbano del Municipio de la Ciudad de Santa Fe.

Se observa que la información recibida alude a la planimetría y no a la planialtimetría, como correspondería referirse con relación a tierras sometidas a inundaciones.

Esta *nueva y provisoria zonificación de carácter preventivo* para las áreas urbanas ubicadas en los valles de inundación de los ríos Paraná y Salado, efectúa propuestas de rezonificación para áreas de riesgo y prohíbe las radicaciones en función de la Ley 11.370 de uso de bienes situados en áreas inundables, en razón de que el aporte de la *cartografía de peligrosidad* hídrica constituye un insumo necesario y prioritario para la elaboración de un necesario plan urbano integrado, hoy no disponible. El Municipio pareciera responder de este modo —en forma tardía e insuficiente— a las demandas de la población allí asentada y a resolver —siquiera transitoriamente— sus necesidades inmediatas con propuestas y acciones orientadas a mejorar su hábitat y dotarla de mejores servicios, fundadas en una relativa seguridad en el corto y mediano plazo, hasta que puedan concretarse medidas superadoras planificadas, integrales y definitivas, que tendrían lugar en tiempos no precisados.

Relativo a las medidas estructurales, puede decirse que la metodología adoptada por el Municipio consiste en la finalización de todos los sistemas de defensa ante amenazas de origen hídrico, del sistema Río Salado y del sistema Río Paraná por medio de los anillos de cierre. Incluye asimismo la modificación de los puentes sobre los sistemas mencionados en sus puntos críticos y la elaboración de estudios que se llevan a cabo sobre el sistema Leyes-Setúbal, sin conclusiones todavía.

Desde el punto de vista no estructural, existe la decisión política de la formulación de un plan de contingencia, para lo cual ya en el ámbito municipal se encuentra trabajando un experto internacional en ese sentido, conjuntamente con las instituciones que pueden aportar al estudio: Universidad, Comunidad, Sociedad, etc. No se detectaron indicios de un plan de desarrollo urbano integrado y comprehensivo. Tampoco se reveló la existencia de un Plan de Prevención y Mitigación para la Ciudad de Santa Fe –que demanda insumos de un Sistema de Monitoreo y Alerta de escala mayor–, ni su natural integración con un Plan Regional Urbano. Tal conjunto comprehensivo de instrumentos y sistemas de gestión constituirían los instrumentos básicos para la planificación de la llanura de inundación en un marco de desarrollo sustentable y equitativo. Se destaca que el posicionamiento oficial no manifiesta explícitamente la necesidad de promover políticas integradas. Véase que gran parte de los componentes problemáticos son contemplados, pero no se alude a sus articulaciones y a su interrelación, nociones imprescindibles tanto en los estadios de planificación como en los de gestión y control.

Conclusiones y recomendaciones de orden general

Dimensiones interinstitucionales e interjurisdiccionales

Los fenómenos potencialmente peligrosos que tienen lugar en ámbitos supraregionales, regionales y locales –tales como los que implican la dinámica de una cuenca hídrica o de un fenómeno meteorológico– y que puedan contribuir eventualmente a la ocurrencia de emergencias de variada magnitud y extensión, requieren de una adecuada Gestión de Riesgos, que debido a la naturaleza de la problemática enfrenta situaciones que exceden las funciones y atribuciones específicas de las instituciones y jurisdicciones directamente implicadas –como puede ser uno o más municipios– requiriendo de la acción coordinada, programada y progresiva del Estado en todos sus niveles y jerarquías cumpliendo de manera articulada y subsidiaria funciones tanto en las instancias anteriores al desastre como en las posteriores al mismo. (v. Anexo II, 5.3. El Ciclo del Desastre)

En consecuencia, y desde el punto de vista interinstitucional e interjurisdiccional, constituyen cuestiones clave en la problemática de las inundaciones en Argentina, las condiciones de articulación establecidas entre políticas, gestión e implementación de la planificación regional, urbana, ambiental e hídrica como consecuencia de las habitual y vigente discontinuidad/fragmentación instaladas en la organización institucional y jurisdiccional, así como de la carencia de políticas integradas de largo plazo, fundadas en explícitos objetivos comunes. Ello conduce en el ámbito local –que participa de la problemática mencionada– a dificultar seriamente la aplicación de acciones comprehensivas de desarrollo ambientalmente sustentable, equitativas, eficaces y eficientes.

Ocupación de la llanura de inundación y medidas estructurales

Con relación a la ocupación de la llanura de inundación es preciso aprovechar sus beneficios reduciendo drásticamente los riesgos, persiguiendo para ello, la disminución de la vulnerabilidad. Resulta entonces prioritario e imprescindible *el conocimiento científico del comportamiento hídrico y la caracterización y categorización de la peligrosidad del suelo*, entre otros factores clave. Bajo tales condiciones, podrá implementarse la planificación de la llanura de inundación, determinándose tanto los usos del suelo admisible y no admisible, como sus modalidades de ocupación, de acuerdo al grado de peligrosidad específico relativo al comportamiento en cada tramo particularizado del río, partícipe de un sistema mayor, de índole al menos regional.

El empleo de defensas contra inundaciones y otras medidas estructurales complementarias quedaría medianamente justificado ante la necesidad de proteger personas y bienes en situación vigente de exposición al peligro, pero no se considera adecuado para localizar bajo tales condiciones, nuevas expansiones urbanas. El empleo de tales medidas estructurales debiera condicionarse a:

i. la imposibilidad real de relocalizar población amenazada sobre suelo apto;

ii. la necesidad de proteger a la población amenazada, sus bienes y medios de vida;

iii. la condición de no alterar ni obstaculizar el natural escurrimiento de las aguas;

iv. la restricción a la expansión y a la densificación urbana al interior del área protegida, fortaleciendo las medidas administrativas de regulación y control, así como la capacitación y participación de la población, con el objeto de reducir la vulnerabilidad e incrementar factores de resiliencia (medidas no estructurales). La experiencia demuestra que toda área protegida implica un grado de riesgo potencial;

v. la garantía del adecuado mantenimiento de las obras que se ocupan de reducir el peligro (medidas estructurales) así como resolver la contradicción que implica la disparidad entre la vida útil del terraplén comparada con la vida útil de la ciudad;

VI. la disponibilidad de un Sistema Permanente de Monitoreo y Control Hídrico Meteorológico del cual resulte un Sistema de Alerta Temprana, así como la elaboración y actualización de un Plan de Contingencia y un Plan de Protección y Mitigación articulados con los instrumentos de Planificación y Gestión Urbano Ambiental;

VII. la determinación y aceptación de un determinado nivel de riesgo, valor conocido como riesgo aceptable, cuestión controversial en la medida del grado de difusión de la problemática así como de la inclusividad real de los procesos participativos;

VIII. un adecuado resultado en términos de costo beneficio, bajo las anteriores condiciones.

Conclusiones y recomendaciones de orden específico

Priorizar los estudios científicos sustantivos

De lo expresado, y con relación a procedimientos de carácter provisorio que comprometen usos urbanos que devienen permanentes, resultan cuestionable la reconstrucción de viviendas y equipamiento social estratégico en áreas afectadas por el desastre, en el mismo suelo que demostró alta exposición a peligros de extraordinaria magnitud, antes de disponer de los estudios técnicos necesarios definidos por la Ley N° 11.730, reglamentada por el Decreto N° 3.695/03, inexplicablemente demorados.

Estudios para una acción integrada

En virtud de la necesidad de producir estudios interdisciplinarios para una planificación integrada de la llanura de inundación, cuya concreción depende tanto de la voluntad política de los actores institucionales implicados como de la disponibilidad de los recursos necesarios, se sugiere la formalización de la propuesta con motivo de producir las gestiones necesarias para obtener el aval y consenso de autoridades institucionales, organismos científico técnicos, organizaciones de la comunidad, entre otras, con el propósito de dar comienzo inmediatamente a acciones que tendrán efecto en el mediano y largo plazo.

Estos estudios tendrían carácter diagnóstico propositivo, constituyendo el sustento de las estrategias y políticas a aplicar en la planificación de la llanura, en sus diversas escalas de intervención. Mientras tanto y sin disponer de un marco coherente, se siguen ejercitando autónomamente acciones provisorias –que comprometen a la sociedad y al ambiente–, empleando recursos en atender apenas lo contingente e inmediato.

Un marco institucional apto en tal sentido, podría constituirlo la *Unidad Municipal de Planificación Urbana y Territorial de la Ciudad de Santa Fe*, dispuesta como espacio de concertación y con el fin de generar un lugar de gestión común a las distintas áreas de la estructura municipal, incluyendo al Consejo Municipal y al Gobierno Provincial, como así también ofrecer instancias de interrelación con los municipios y comunas del Área Metropolitana, con el Ejecutivo y el Legislativo de la Provincia y con la Ciudad de Paraná.

Consideraciones sobre un sector urbano comprometido

Este punto hace referencia a los sectores urbanos bajo riesgo hídrico de la Ciudad de Santa Fe, situados en la ribera del Río Salado.

El texto del Proyecto de Ordenanza Modificatoria del Reglamento de Zonificación (Ord. N° 8.813/86) elevada al Honorable Concejo Deliberante Municipal el 03/10/2003 –sin tener conocimiento a la fecha de su eventual aprobación y reglamentación por parte del Legislativo y Ejecutivo Municipal– y los diversos aportes de distintos actores institucionales, técnicos y de la sociedad civil, reunidos en el Anexo correspondiente, permiten considerar, de manera preliminar lo siguiente:

I. Que dicha propuesta normativa expresa las políticas y estrategias locales en materia de regulación de actividades y usos del suelo en las áreas afectadas por la inundación de Abril de 2003, las que se limitan al corto plazo (2 años). Si bien no se explicita, pareciera ser que el propósito es disponer de condiciones de seguridad más exigentes ante el desastre y mejorar la calidad del hábitat construido, estableciendo distintos niveles de restricción a la localización de actividades urbanas e impidiendo nuevos asentamientos o la densificación de los existentes. Cabe observar, sin embargo, que las acciones que se produzcan al amparo de estas normas, comprometerían la estructuración urbana vigente –que requiere de profundos cambios– los que podrían afectar derechos, si no se establece un marco propositivo global y multidimensional que establezca reequilibrios ante situaciones conflictivas originadas en la aplicación de diversas y eventualmente contradictorias políticas, normativas y acciones en materia urbano ambiental que tuvieron lugar a lo largo del tiempo y que provinieron de diversas instituciones, jurisdicciones y dominios temáticos no articulados entre sí pero actuantes sobre la misma urbe y la misma sociedad, con impacto no controlado. Esta es una *propuesta de corto plazo*;

II. Que debiera tratarse además de evitar la proliferación de eventuales juicios contra el Estado en defensa de legítimos derechos adquiridos. La Planificación y Gestión del Desarrollo Urbano Regional, articuladas con un Plan de Contingencia y un Plan de Gestión para la Protección y Mitigación que cuenten con un Sistema Permanente de Monitoreo y Control Hídrico Meteorológico del cual resulte un Sistema de Alerta Temprana, permitirán contemplar y atender adecuada y coordinadamente el conjunto de problemáticas vigentes y prospectivas así como dar respuesta a las necesidades de reequilibrio y reestructuración bajo criterios de sustentabilidad, equidad, eficacia y eficiencia, buscando los necesarios consensos y evitando conflictos superables. Este conjunto de acciones planificadas deben establecer y regular el crecimiento del área metropolitana de Santa Fe sobre suelo apto para la localización de actividades urbanas, lo que incluye la *relocalización de poblaciones actualmente asentadas en el valle de inundación de los ríos*. Esta es una *propuesta de mediano y largo plazo*, que merece elaborarse e instrumentarse desde hoy;

III. Que en términos generales, la propuesta mencionada en (I) en su fase de instrumentación debiera incorporar de manera articulada parte importante de los aportes realizados por los actores interesados e involucrados, que enriquecen sus alcances y resultados y posibilitan su materialización y sustentabilidad;

IV. Que las cuatro zonificaciones preventivas dispuestas en la propuesta mencionada en (I), que ocupan la mayor superficie de afectación, constituyen medidas *no estructurales* provisorias necesarias, aunque debe advertirse que toda norma administrativa de orden público, para fijar pautas de conducta, debe poseer vigencia plena. Asimismo se observa que los parámetros en que se funda la zonificación propuesta se basan en criterios empíricos ante la falta de los estudios científico técnicos que emanan de la Ley Nº 11.730, y la ausencia de una propuesta comprehensiva de planificación –como la que se menciona en (II)– que integre y coordine aspectos sociales, ambientales, urbanísticos e hidráulicos, a la que diversos documentos locales y provinciales parecieran referirse como "Plan de Ordenamiento Territorial".

Intervenciones relativas a la reconstrucción en áreas de afectación

Reiterando lo expresado en el punto anterior, las políticas y estrategias oficiales locales en materia de regulación de actividades y usos del suelo en las áreas afectadas por la inundación de Abril de 2003, las que se limitan al corto plazo (2 años) se explicitan en el Proyecto de Ordenanza Modificatoria del Reglamento de Zonificación, aún no aprobado por el Honorable Concejo Deliberante de la ciudad, a fines de posibilitar la realización de los estudios tendientes a la elaboración de un Plan de Ordenamiento Territorial dispuesto por la Resolución Nº 9.644/03 del Honorable Concejo Deliberante. Se advierte de la indisponibilidad de la cartografía de riesgo que establecen la Ley Nº 11.730 y el Decreto Nº 3.695/03.

Pese a que es altamente cuestionable la reconstrucción urbana en una localización que demostrara un alto grado de peligrosidad hídrica, así como la inadecuación del conjunto de medidas estructurales y no estructurales históricamente adoptadas (incluso en dicho proyecto de zonificación), las intervenciones tendientes a reconstruir el hábitat afectado localizado en la ribera del río serían reguladas por el mencionado Proyecto de

Ordenanza Modificatoria del Reglamento de Zonificación, en el formato y modalidad que establezca su texto definitivo aprobado.

Por el momento las condiciones que establece esa propuesta normativa constituyen único marco de regulaciones urbanas disponible, aunque merece destacarse que se desconocen estudios preliminares así como *los objetivos y estrategias* que estructurarán el futuro Plan de Ordenamiento Territorial, e incluso como las *políticas de desarrollo regional y urbano* a las que se ajustará el futuro Plan, conjunto que constituye el natural marco jerárquico de las regulaciones sectoriales que se toman con antelación a su enunciado y que comprometerán sin duda decisiones posteriores, quizás de manera irreversible.

De manera abreviada, los alcances de las mencionadas regulaciones, son los siguientes:

1. La probabilidad de relocalización de asentamientos ubicados en lugares críticos, queda vinculada a la posibilidad de construcción de viviendas por parte del Municipio y la Provincia, aunque no se dispone de información sobre tierras disponibles para la relocalización, de acuerdo a las pautas deseables sobre hábitat construido. La población comprendida en estas medidas es la que se asienta en la traza de la obra Acceso Norte Tramo 3, fuera de la defensa, asentamientos localizados dentro del área defendida pero debajo de la cota +13,00 IGM, según distintas prioridades, y otras áreas críticas;

2. Una síntesis de la zonificación propuesta se muestra en el informe general presentado oportunamente.

Anexo
ANTEPROYECTOS SOBRE VIVIENDA-TRABAJO EN UN PLANTEO FLEXIBLE DE TRANSFORMACIÓN Y ADAPTACIÓN | MARINA MAZZOCHI

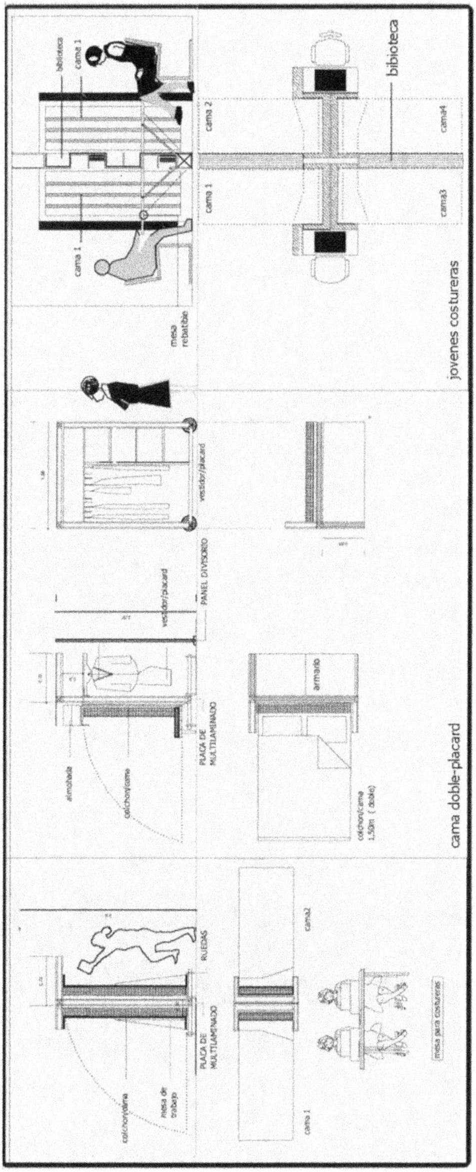

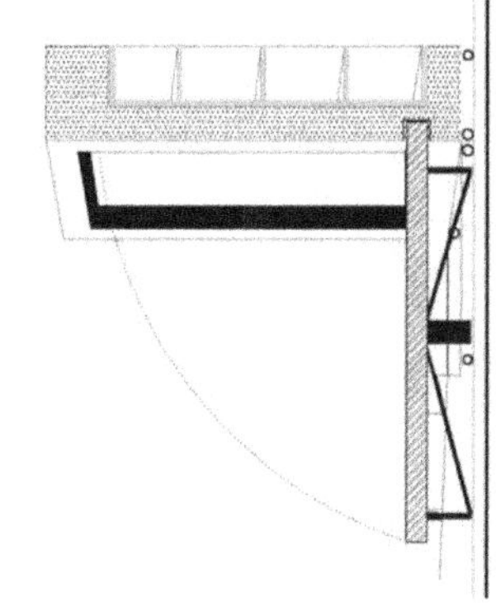

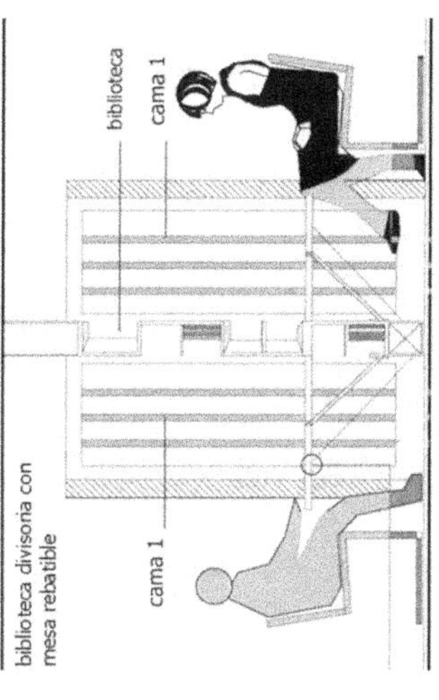

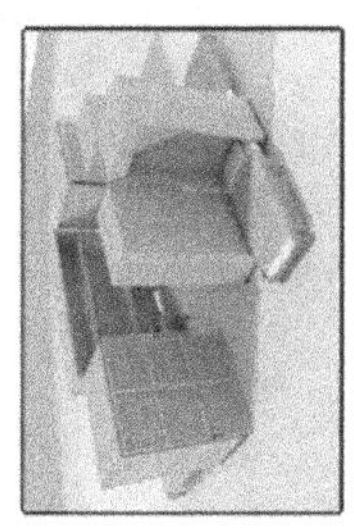

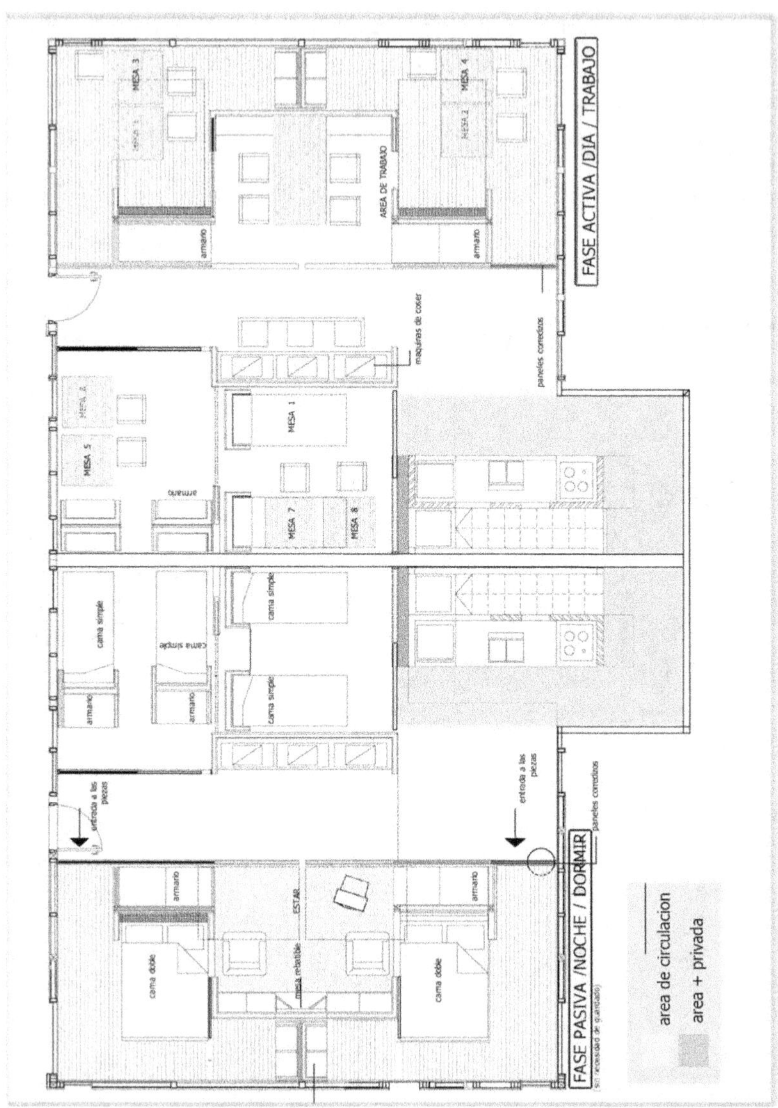

VIVIENDA-TRABAJO PARA FAMILIA AMPLIADA

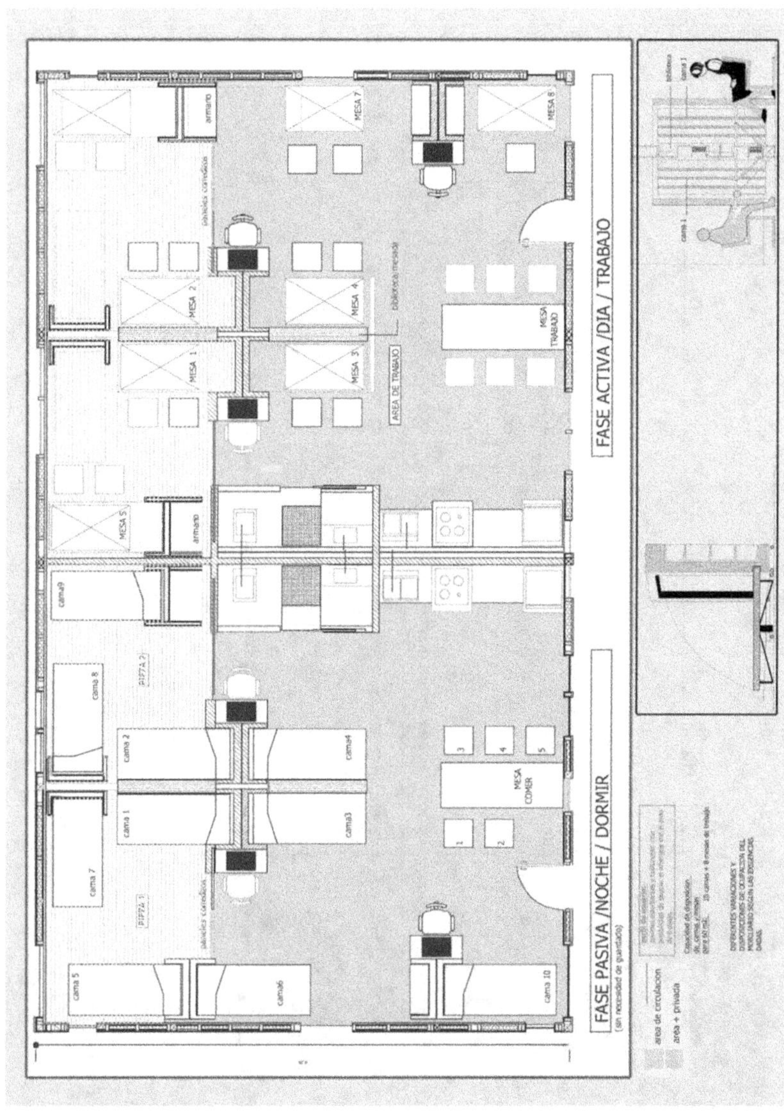

ALBERGUE PARA JÓVENES ESTUDIANTES COSTURERAS

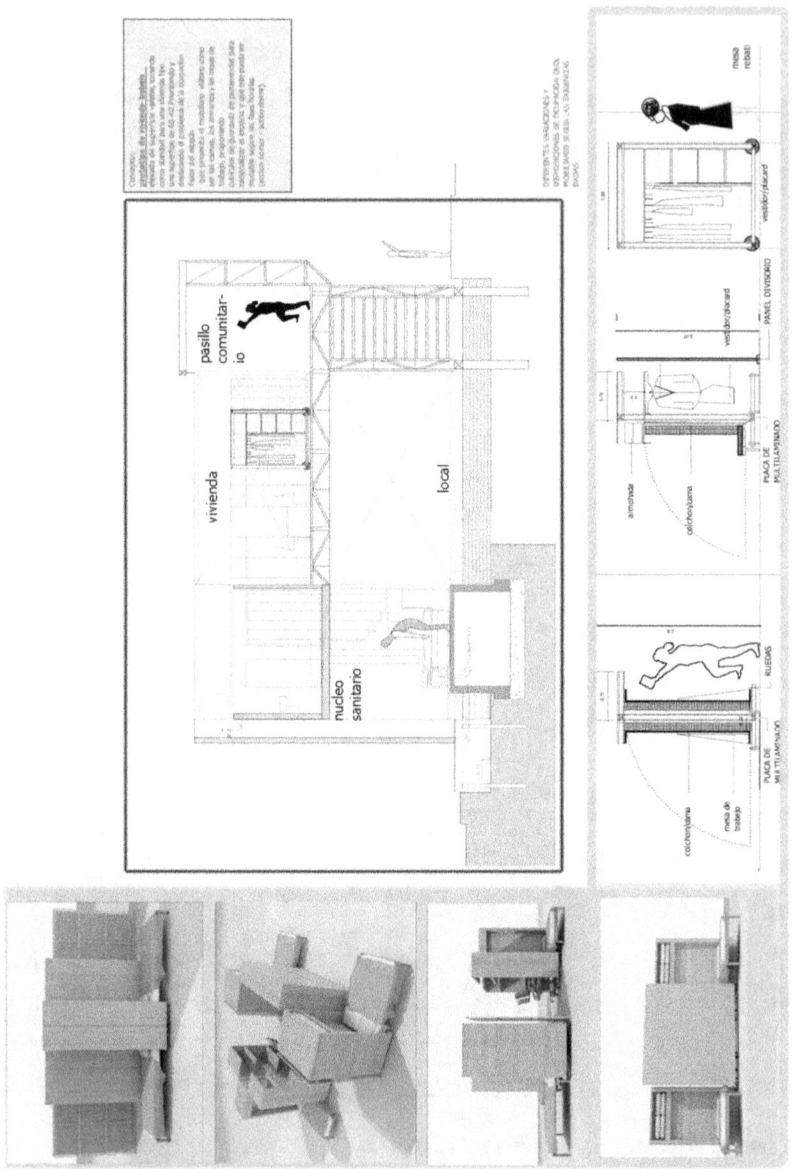

EQUIPAMIENTO MÓVIL PARA DISTINTOS USOS

VIVIENDA-TRABAJO PARA FAMILIA AMPLIADA

II.
Relevamiento desde las Ciencias Sociales

1. Antropología y Arquitectura

ALICIA LONDOÑO

Este trabajo de investigación, tiende a mejorar las formas del hábitat y por ende, la calidad de vida de los habitantes, con lo cual, el enfoque antropológico sobre las formas de vida resulta fundamental.

Objetivos

El objetivo general del trabajo de campo, fue determinar las expectativas de diferentes personas del barrio frente a su vivienda y el barrio mismo.

El objetivo particular, consistió en conocer las ideas de los habitantes respecto a la posibilidad de hacer un proyecto urbano, más concretamente, un Parque Urbano Público –destino previsto por el Código de Santa Fe– en los reservorios del Barrio Santa Rosa de Lima.

Estructura del trabajo

El informe está dividido en tres partes. Una primera parte se refiere a las generalidades del barrio, su estructura urbana y el problema dominial; en una segunda parte se abordan los temas de la vivienda, sus usos y representaciones, la familia y las redes vecinales; y en una tercera parte, se desarrolla lo relativo al barrio como tal, sus problemas espaciales, la imagen del mismo, el reservorio, y finalmente se toca como tema obligado la inundación del Río Salado en el 2003.

Metodología

El enfoque antropológico permitió determinar mediante la investigación cualitativa, las percepciones y valoraciones de los habitantes frente a su vivienda y el barrio mismo. A través de las técnicas del trabajo de campo antropológico, *como las entrevistas, la observación, y los mapas mentales,* se posibilitó una indagación subjetiva sobre aspectos como el barrio, la vivienda, la familia, las imágenes y representaciones, los cuales luego de ser sometidos a un proceso de sistematización y análisis se condensan en este informe que se espera, sea retomado por el grupo arquitectónico hacia una mejor investigación proyectual.

El proceso metodológico (guía de entrevistas y observación) se expone en el anexo.

1. Generalidades

Con una población de 17.000 personas[13] (entre 12 de Octubre, Santa Rosa de Lima y Estrada), situado en el cordón oeste de

---

[13] Dato del Secretario de Asuntos Hídricos de la municipalidad de Santa Fe, Ingeniero Hídrico Horacio Ruiz.

la ciudad de Santa Fe, el Barrio Santa Rosa de Lima, si bien es considerado "popular" o de sectores sociales bajos, no obstante existe al interior del mismo una heterogeneidad expresada en una suerte de sectorización social y económica. El desempleo, sub-empleo o empleo informal son la constante: changas, cirujas, vendedores ambulantes, kioscos, pequeños almacenes, construyen los campos donde se desempeñan. En términos concretos, el barrio conforma un horizonte diverso que es necesario considerar a la hora de hacer cualquier proyecto arquitectónico y urbanístico.

Su ubicación en tierras bajas lo hace vulnerable a las inundaciones, razón por la cual han tenido que ganarle tierras al bañado para poder construir. Su cercanía al centro de la ciudad le confiere ventajas pragmáticas y simbólicas, como se verá más adelante. Por otro lado, es un barrio ubicado en el borde de la ciudad, con claros límites demarcados por el trazado ferroviario y el terraplén de la Avenida Circunvalación.

2. Historia del barrio

Con escasa presencia estatal y con acceso a recursos muy limitados por parte de sus habitantes, la consecución de obras demandó un esfuerzo colectivo, el cual generó un nivel de interacción importante en los primeros años de consolidación del barrio (apertura de vías, consecución de agua, luz.) Los eventos de ayuda mutua y jornadas de trabajo comunitario fueron muy frecuentes, y un sentimiento de homogeneidad y carencia colectiva signó esta etapa del barrio. No obstante, como el proceso de adecuación es disímil y las capacidades de arreglo de las viviendas e ingresos económicos no son iguales para todos, la situación se diversificó y las relaciones vecinales adquirieron otro foco marcado por nuevas necesidades en torno a servicios secundarios: salud, educación, recreación, mejoramiento de obras de infraestructura.

"Este barrio era todo rancho. En tiempo de Perón hacen chalets y así empezó este barrio, hasta que se vinieron los grandes loteos" [Luciano].
"Era todo un basural, después se hicieron las casitas. Había muchas moscas por la basura, no había plaza, y le pusieron el barrio "La mosca". Primeramente era el barrio "La puñalada" porque se peleaban con cuchillo no con revólver como ahora, después le pusieron Barrio "4 de junio" y después "Santa Rosa de Lima" [Odilia].

Una memoria colectiva que va de ranchos a casas de material, evidencia un progreso que contribuye a la valoración del barrio: *"Ahora todos tienden hacer mejoras"* [Gladis].

La forma de poblamiento del barrio y la lucha colectiva por la consolidación del mismo, tuvo impacto sobre el tipo e intensidad de relaciones que se estableció entre los habitantes generando lazos muy fuertes de identidad de grupo. Estos recuerdos están *prendidos* en la memoria de sus habitantes, alimentando un sentimiento de arraigo el cual pervive con fuerza en la actualidad.

3. Estructura urbana

La apropiación progresiva –a partir de ganarle tierras al río Salado–, presenta una zona más antigua próxima a la vía y al primer tramo de la calle Mendoza, con viviendas más consolidadas, presentando una subdivisión interna de manzanas propia de la autourbanización. El barrio ha seguido la traza reticular, en su mayor parte, con excepción de la zona de los asentamientos donde la ubicación es irregular, longitudinal o dispersa, presentando una lógica de ocupación cambiante. A los costados de la calle Mendoza (ahora asfaltada e iluminada) aparecen súbitamente, nuevos ranchos ocupando terrenos de forma irregular, el avance es espontáneo, ilegal e incontrolable. Las opciones al parecer no son muchas, puesto que, según funcionarios de la oficina de planeación del municipio, es poca la disponibilidad de tierra en Santa Fe. Los terrenos que ocupan, están siempre inundados con agua de napa, y si bien existe una ley provincial (11.730) de ocupación en áreas inundables, ésta al parecer, no se aplica.

La tierra: ¿ilegal?

Según testimonios de pobladores, la mayoría son propietarios o poseedores sin completo respaldo legal (no evidenciamos inquilinos o préstamos), no obstante, funcionarios de la municipalidad, afirman que ellos tiene boletos de compra-venta, no escrituras. Incluso, gran parte de lo que se inundó en el 2003, *"por ser ilegal, no tiene catastro"*. No obstante, la situación de semilegalidad en que se encuentran mayormente los *ranchos*, por estar ubicados en zonas inundables (según la ley provincial) es, para algunos pobladores, relativa, puesto que —retomando sus palabras—, los habitantes de los ranchos *"tienen papeles adjudicados por los gobiernos de turno"*. Además, ellos declaran que el barrio en su totalidad está ubicado en el lecho del río, y que el mismo Estado ha participado mediante planes de vivienda, dotación de infraestructura en la consolidación del barrio.

> *"No es que nosotros usurpamos el lecho del río, es nuestro, el propio gobierno avaló mi estancia acá"... "El gobierno provincial me dio a mí los papeles. Después, me entero que esta casa está construida en el lecho del río. No debía haberse construido, de aquí a la Avenida Freyre que son 10 cuadras, desde el año 1960 se está construyendo en el lecho del río."* (GLADIS)

Si bien, son complejas las posibilidades para legalizar las situaciones de tenencia, en cualquier caso los pobladores se sienten dueños de sus tierras, y ésta es una característica que le da al barrio consistencia, cohesión y una cierta estabilidad. El barrio se exhibe como una unidad geográfico-espacial, un marco de referencia, un territorio común.

4. Vivienda

Características

Los habitantes del Barrio Santa Rosa de Lima ocupan varios tipos de vivienda. Cada tipo representa diferentes características físicas con variaciones sustanciales en la calidad de la vivienda, manifiestas en términos de materiales de construcción, espacio, densidad, luz, salubridad.

Los asentamientos o *ranchitos*, ubicados en su mayoría en el llamado reservorio, laguna o basural –se expandieron debido a la reciente iluminación de la calle Mendoza, a raíz de la avenida de circunvalación–, son los más precarios. Los mismos pobladores rellenan y nivelan los terrenos, y este sector presenta los mayores problemas en cuanto a carencia de servicios (cotas bajas, desagües a cielo abierto) así como problemas ambientales al estar ubicados en medio de los deshechos. Hay ranchos que no tienen conexión de agua, ni letrina (van a la casa del vecino). En ocasiones, según la agente comunitaria Norma Delgrade, *"toman el agua de una manguera sin canilla, que está al aire libre donde hay moscas y la ponen en el balde o en tachos sucios, por consiguiente, el agua llega pero no hay seguridad de que sea potable, por la forma en que la toman"*.

En el sector más consolidado del barrio, encontramos dos tipologías de vivienda: la de los llamados *chalets*, construidos en los años 60 por un programa de vivienda de Eva Perón del gobierno provincial, con espacialidades generosas que suponen una rica calidad de vida.

El otro tipo de vivienda se refiere a un hábitat más popular en sí. Estas últimas constituyen la mayoría de las viviendas en el barrio: con construcciones de material, un living-cocina, o cocina solamente, una o dos habitaciones, un baño (exterior o no) y, en algunos casos, un patio trasero. Tienen agua y luz, pero no cloacas ni gas. Hay que anotar que estas viviendas están aun en proceso de reconstrucción post-catástrofe, episodio que provocó en algunos casos la posibilidad de hacer modificaciones: ampliaciones, incorporación del baño, etc., en otros, no se han podido recuperar los espacios perdidos (muros, habitaciones, etc.)

La mayoría de viviendas que existen en el barrio, han tenido que ser rellenadas como una manera de sortear el problema de las inundaciones por lluvia.

Las dos últimas tipologías de vivienda presentan densificación y subdivisiones de lotes, formando estructuras complejas que responden a etapas de incorporación al terreno familiar de nuevos miembros. No obstante, la precariedad arquitectónica en el barrio no se traduce mecánicamente en una precariedad existencial. Es un hecho que el mejoramiento de las viviendas habla de un deseo de cambiar las condiciones de vida. La ampliación, el acondicionamiento de las instalaciones infraestructurales, y en algunos casos, el embellecimiento, evidencian un esfuerzo hacia la consolidación y la mejora de la calidad de vida. No pasa lo mismo con los llamados asentamientos o ranchos, donde el mejoramiento de la *vivienda* requiere una capacidad económica que a veces resulta imposible la transformación hacia una vivienda más consolidada. De hecho, la movilidad intrabarrial se tiende a dar más hacia el sector de los ranchos por parte de las nuevas familias, que desde los ranchos hacia los sectores más consolidados. Estos últimos tienen a su favor la posibilidad –aunque lejana– de un asenso social, la valoración del terreno –por desgracia, hoy desvalorizado por efectos de la catástrofe–, la dotación de infraestructura aunque precaria, y una integración gradual al conjunto urbano.

La vivienda constituye un dominio territorial con características semi-públicas y semi-privadas, posibilitando la interacción de un grupo no muy numeroso de familias vecinas. En otros términos, la vivienda plantea dos formas de relaciones: una de carácter interno, íntimo, privado, un espacio familiar; la segunda, de carácter externo, de cara a los otros, pública, que se puede definir a partir de una separación entre lo propio y lo ajeno. En este sentido, la vivienda también incluye el espacio de los otros, y ello es particularmente enfatizado en el Barrio Santa Rosa de Lima donde, como se verá más adelante, las redes sociales tienen una alta expresión en el espacio de la vivienda propia y de los otros. La vivienda debe ser entendida, entonces, no solo como un fenómeno arquitectónico. Es también un hecho social, un hecho económico, un hecho cultural.

Uso

Actividades en el interior

Dormir, cocinar, higienizarse. Las habitaciones, una o dos en general, en algunos casos están revocadas y/o pintadas. Tienen una o dos camas que sirven para acomodar a varias personas, debido a la situación de hacinamiento en que viven. Algunas tienen muebles para guardar la ropa, otras no.

Las cocinas en general (sectores medios y altos) tienen el equipamiento doméstico básico de segunda: heladera, cocina y mesada. Al interior de las viviendas de sectores más pobres, se presentan casos en que la habitación es a su vez cocina, integradas en un mismo espacio. Estas últimas familias viven exclusivamente de los comedores, razón por la cual el uso de la cocina es mínimo, no obstante, manifestaron el deseo de separar la cocina de la habitación.

El comedor es el lugar de mayor uso en el interior de la vivienda. Hace las veces de estar. Allí se ubica la televisión (en caso de que exista), o el equipo de audio. El comedor está siempre integrado a la cocina en un espacio comedor-cocina, de manera tal que algunos pueden cocinar mientras otros están en la mesa del comedor.

El baño varía de acuerdo a los sectores sociales. El de las casas tipo *chalet*, es un baño con todo el equipamiento: inodoro, bidé y ducha; en los sectores consolidados más populares el sanitario es una letrina con pozo, en ocasiones tiene una pileta y ducha precaria; y en los sectores más bajos –los *ranchitos*–, no existe el baño, van al Reservorio o a la casa de otros vecinos. Todos quisieran tener el baño en el interior de la vivienda.

Actividades al exterior

No obstante lo anterior, el uso de la vivienda en Santa Rosa de Lima, se centra en la vereda o el patio. El *afuera* es tal vez el espacio de mayor uso: la vereda es un lugar privilegiado. Allí desayunan, reciben, pasan la tarde o la mañana, juegan, entre otras actividades. *"La vereda en invierno y en verano..."* Es el lugar de mayor valor afectivo, así como el patio, en caso de existir. Anteriormente cuando tenían televisión por cable, se estaba más en el interior de la vivienda, en el comedor.

El patio, es multifuncional: taller, lugar de reunión, lugar para tomar mate o el desayuno, arbolado en algunos casos, tiene un uso intenso especialmente en verano.

Representaciones

Ante la pregunta por la casa donde quisieran vivir, las representaciones que estos habitantes manifestaron están signadas, en primera instancia, por la necesidad de resolución de carencias. Están constreñidos a limitar sus deseos a la urgencia física inmediata, evidenciando una determinación de las representaciones de la vivienda por la materialización y expresión de un modo de vivir popular. En esta perspectiva, las formas de vida actuales expresan estrategias a través de las cuales filtran y reorganizan lo que viene de la cultura hegemónica, y lo integran y funden con lo que viene de su memoria histórica.

La pregunta por la vivienda deseada se centró en representaciones que tienden a la resolución de los problemas inmediatos, de tipo tecnológico o formal (cambio de pisos, de techo, terminar el baño, ampliación, algunos quieren construir en la azotea *"por miedo a que el agua vuelva"*) –más que a imaginarios implantados por la sociedad, ello explica, la carencia de modelos icónicos o analógicos publicitarios por ejemplo–. Se podría pensar, que hay una constricción de las ambiciones: *"lo que tiene le alcanza."*

La casa de material adquiere un gran valor, es la máxima representación. Los *chalets* del plan de vivienda Eva Perón hechos en el año 1945 representan un ideal de vivienda porque *"es material de primera, los tirantes que tiene esa casa los tiene el convento de San Francisco (1000 años tiene el convento). Además de los materiales, es el nivel de dignidad que le dieron a esa casa"* (MARIELA). Esta mezcla de calidad y dignidad habla de una percepción del hábitat que va más allá de un techo para vivir. Concretamente, el caso de una entrevistada, habitante de la vivienda del plan Eva Perón, manifestó que su casa, era la casa ideal y añadió sentirse privilegiada.

Otra imagen toma como referencia una vivienda *"con la cota real de la ciudad, no más bajos, nosotros acá estamos más bajos que la calle"* [LUCIANO]. Este fenómeno es común en el barrio, razón por la cual tienen que rellenar el lote para atenuar el problema de la inundación por agua lluvia, problema que al parecer no tiene solución por parte de los habitantes, ellos esperan a que el agua se vaya. El imaginario en este caso, tiene que ver con terrenos con condiciones de habitabilidad.

5. La Familia

Se registraron diferentes tipologías: familia nuclear, mono-nuclear, familia extensa, familia ampliada.

La familia extensa y la ampliada, cumplen múltiples funciones tanto en la reproducción física como en la generación de ingresos complementarios, la solidaridad familiar que se genera constituye una forma de seguridad social y de ayuda mutua y presenta ventajas para las madres, al liberarlas del cuidado constante de los hijos. La tendencia que se aprecia en el barrio Santa Rosa de Lima, es hacia la permanencia de las distintas generaciones en la casa paterna o materna, (aunque también se presentan casos en que los padres no permiten que sus hijos casados vivan con ellos) formándose de esta manera familias extensas que se ubican bajo dos modalidades: o bien en la casa originaria –la cual debe adaptarse con modificaciones–, donde pueden vivir entre dos o tres familias en el sector más densamente poblado. Esta modalidad posee una funcionalidad cultural y económica evidente que facilita las divisiones del trabajo en el interior de la casa, ahora con más personas que pueden ayudar formando algo así como una microcomunidad; en la segunda modalidad, la nueva familia se establece en el lote o patio de la casa materna –al parecer heredan por línea materna–

en caso de existir, donde se construye una habitación nueva. En estos casos, la nueva piecita, no tiene ningún servicio, pero está cerca de su núcleo familiar originario con el que comparten comidas o el cuidado de los niños. No obstante, la situación de hacinamiento –cantidad de de familias por vivienda o de personas por habitación– lleva a problemas frente a los usos, la privacidad, la intimidad, el esparcimiento, etc., que revierten en la calidad de vida.

Otro hecho importante a destacar es que los habitantes del barrio cuando se casan se quedan viviendo en el mismo, por lo cual, existe una especie de endogamia que facilita a su vez las relaciones de parentesco y amistad. En parte, esto incide en el hecho de que los habitantes perciben sus experiencias cotidianas desde una perspectiva familiar y vecinal y desde un contexto social y cultural donde el arraigo hacia el barrio cobra fuerza.

6. Redes de vecinos: una estrategia de supervivencia

Factores como la escasa presencia estatal en la solución de sus necesidades vitales –salud, saneamiento, cloacas, vivienda, etc.–, han obligado a que estos habitantes conformen un estilo de vida sustentado en la autogeneración de soluciones para su supervivencia. Muchos de ellos han intentado resolver en la medida de lo posible a través de mecanismos de ayuda mutua y solidaridad, sus problemas de vivienda, dotación de servicios, educación, ingresos, etc., estas estrategias de supervivencia constituyen mecanismos de sociabilidad e intercambio cultural de gran vitalidad en el barrio.

La proximidad física y la intensidad de la interacción entre vecinos va consolidando una trama social compuesta por redes de relaciones no formales: las relaciones de parentesco y de amistad, arman el tejido del barrio, canalizando intereses y lealtades bastante fuertes. Una multitud de pequeños favores o servicios, de formas recíprocas de intercambio, de circulación de información, conforman un sistema social de tipo informal mediante el cual los habitantes del barrio solucionan un amplio espectro de sus necesidades. Esta diversidad de formas y mecanismos de ayuda mutua tiene un rol central en la reproducción social y cultural de estos habitantes. Es el caso de préstamos (objetos, alimentos, dinero, favores, cuidado de niños, etc.), que constituyen intercambios de carácter vecinal fundamentales en el diario vivir.

El fortalecimiento de las relaciones vecinales favorece los procesos de organización de otras instancias como son las diversas instituciones existentes en el barrio.[14] La vecindad en el barrio, en esta perspectiva, representa una respuesta vital a las condiciones de vida. Mientras que la tendencia generalizada en las ciudades es hacia la individuación, la tendencia en el barrio popular es, por el contrario, de tipo colectiva. Las prácticas de vecindad basadas en la solidaridad y ayuda mutua conviven y enfrentan estas tendencias individualistas. Existe una tensión entre la predisposición hacia la individuación y la esencia colectiva del barrio.

7. La vereda, la cuadra y el barrio

LA VEREDA. Se ha dicho anteriormente, que los vecinos constituyen un acontecimiento destacado en la vida urbana del barrio, entendido tanto como grupo social, y como unidad de territorio. Son comunes las visitas o encuentros entre vecinas y niños en las veredas, conformando un espacio de socialización entre troncos,

---

[14] Según el grupo CANOA, existen alrededor de 20 instituciones en el barrio.

piedras o sillas en el mejor de los casos, donde se recibe e intercambia información y apoyo solidario entre mates y facturas. De esta manera llega a constituirse un sistema social del que la gran mayoría de los habitantes del barrio se sienten parte y responden debidamente. Estar en la vereda, significa algo más que un hecho de localización, implica una identificación con una familia, un vecindario, un barrio, y también un modo de ser de los habitantes, un aspecto cultural de enorme vitalidad e importancia. Se podría pensar en una cultura oral más que visual, al privilegiar la charla, la palabra, el gesto, a la imagen visual propiciada en parte por los medios de comunicación modernos como la televisión.

La cuadra. La vivienda, conjuntamente con el entorno inmediato, constituye en el barrio un espacio estratégico de integración familiar y vecinal para diversos sectores como padres de familia, hijos pequeños, abuelos; sin embargo, para los jóvenes, es el barrio mismo, o la cuadra, la unidad sociocultural de mayor significación (más que la vivienda).En el barrio se establece un circuito permanente de interacción y circulación de relaciones sociales en espacios como las calles, esquinas, puertas de las casas, veredas, tiendas, colas para las compras de alimentos, quioscos, que constituyen ámbitos espaciales esenciales donde se mueven los vínculos sociales. Este circuito arranca desde la cuadra, fragmento espacial de mayor conocimiento y de mayor valor para muchos, en ella se conocen horarios de trabajo, amistades, actividades de los vecinos inmediatos, etc., y además muchas veces es el espacio que más se cuida, se limpia y se da mantenimiento esmerado. La calle es un espacio privilegiado de relaciones de la vida barrial, del transporte y tráfico vehicular. Los jóvenes, ante la carencia de espacios de recreación, se apropian de ella como espacio relacional. A pesar de la precariedad, una cierta calidad ambiental se evidencia en las calles del barrio. Un sistema de caminos que determina las posibilidades de movimiento, de juego, de interacción; poco tránsito vehicular que reenvía a una escala rural, una arborización que además de proveer sombra en las veredas, enfatiza un paisaje urbano natural con valor estético, y finalmente, el uso intensivo de las calles por parte de los habitantes anteriormente mencionado.

Lugares cargados de significado, bien sea histórico, afectivo, ambiental, social, etc., todos ellos sirven de fondo a las prácticas sociales, pero además son lugares para el hombre en un sentido antropológico, constituyen una especie de *interior*, en tanto son objetos identificables que, al ser compartidos con otros, le dan al habitante una sensación de identidad espacial. Se podría decir que el barrio y las viviendas de vecinos son percibidos en ocasiones como la extensión de la propia familia, formando una tipo de comunidad. En esta perspectiva se entiende que el barrio tiene una cualidad primordial y es el hecho de proporcionar, individual y colectivamente, una identidad mediada por fragmentos espaciales o bien por la totalidad del mismo.

EL BARRIO. Además de ser escenario y proveedor de objetos significativos de identificación, participa en la formación de un fuerte sentido de pertenencia. El hecho de que los habitantes tengan tan poca movilidad interbarrial, permaneciendo la mayoría en el barrio, refuerza una especie de endogamia vinculada a un territorio familiar. En esta línea de reflexión, se podría pensar en una idealización del barrio. Existe un orgullo de identidad barrial, de pertenencia. No se deja el barrio porque es el lugar donde se nació, porque allí está la familia, porque todos se conocen, y porque se es conocido y reconocido, a cada vecino se lo llama por su nombre, es decir, el barrio le da al individuo identidad personal y colectiva.

La plaza tiene mayormente una connotación negativa. De un lado, tiene un déficit en juegos infantiles, y de otro, es un lugar de la delincuencia en ciertos horarios, lo que la convierte en espacio vetado, de hecho, tiene poco uso. Constituye un espacio pobre ambientalmente y es un lugar de acumulación de basuras.

8. Reservorio

La imagen que algunos de los habitantes tienen del reservorio no es muy clara, dudan si se trata de la laguna, los bañados, o si se está refiriendo a los tanques de agua o si es el basural. En todo caso, en las entrevistas se plantearon las siguientes propuestas e inquietudes:

Proyecto recreativo

"Yo haría una cancha ahí, sería espectacular. También podría ser un lugar donde se pueda ir, un lugar para tomar mate, hay varias familias que siempre nos vamos a tomar mate, siempre nos vemos por ahí dando vueltas por el Salado, nos juntamos...hay una zona donde es todo césped, no hay yuyo ni nada." (NORMA)

Al parecer, hace unos 6 años que un grupo de la población intentó gestionar dos canchas en el reservorio. *"Acá se levantaron más de 500 firmas y estamos dispuestos a trabajar nosotros, basta que ellos nos ayuden a rellenar."* (JORGE)

"Y nosotros tenemos ganas de poner una plaza con juegos en uno de los basurales, rellenarlo, para que los chicos, en vez de jugar sobre la basura, jueguen en una plaza, y que los padres se acostumbren a ordenar y clasificar la basura

para que no esté desparramada por todos lados. Eso va a llevar tiempo pero es un proyecto que queremos implementar algún día" (NORMA).

El modelo del parque Garay con laguna, donde se pueda pescar, hacer asados, es recurrente.

"Un camping, tener una laguna, que se haga algo para que el barrio crezca, que los chicos puedan ir a disfrutar, acá tienen que ir al parque sur o al parque Garay, pero no tenemos algo propio acá, hacer una colonia de vacaciones". (ALEJANDRO).

Con respecto al posible uso del parque recreativo, algunos lo aprueban bajo la salvedad, de ser exclusivamente para uso de la gente del barrio Santa Rosa de Lima.

"En los dos reservorios que son muy grandes se podría hacer un espacio para deporte, se necesita más de uno, pues la gente de Santa Rosa de Lima, por los niveles de violencia que hay, no puede cruzar Lisandro de la Torre para el otro lado, y el que viene de allá no puede cruzar de Mendoza para este lado, así que decirte que vamos a ir todos a uno solo es mentir, porque hasta que no cambien un poco las cosas y que salgamos del índice de la pobreza, eso no va a cambiar". (MARIELA)

Un entrevistado señaló que no es conveniente un uso recreativo, puesto que ya tienen el *"parque Garay, ahí va todo el mundo, así que tenemos donde ir".* Y finalmente, otros plantean un obstáculo para un posible uso, en la delincuencia. *"Acá nos conocemos, a los delincuentes también, pero en un lugar recreativo,*

que viene gente de afuera, va a ser Vietnam en Santa Fe". (ROMERO)
De otro lado, se plantea que el tema recreativo es secundario, ante las carencias económicas: "No tienen para comer y por eso no se pueden ocupar de una recreación" (CECILIA)

Proyecto de vivienda

Algunos señalaron la posibilidad de ubicar viviendas. "Cuando pasó la inundación yo pensaba, porqué el gobierno provincial no hacía como una zona 'Tigre' con viviendas arriba, con palotes... es una cuestión de necesidad". (GLADIS)

Proyecto comercial

"Estaría muy buena la idea de recuperarlo y que se dé un nuevo frente para el barrio y lo que eso implica, que lo vean, que pueda haber comercio, así cuantos más frentes mejor." (MARIELA).

"Hasta hace poco, 5 años atrás, se hablaba de hacer ahí un parque industrial, no era un rumor pues supo estar en órbita del Consejo Municipal, se pensaba poner dos shopping un Jumbo y un Carrefour, eso quedó en la nada." (FRANCISCO); otros señalaron la posibilidad de establecer una fábrica que genere trabajo y mejore la imagen del barrio. "Todo lo que se construya tiene que pensar en lo que la gente puede llegar a hacer, en sus condiciones económicas" (GLADIS).

Proyecto puerto

"Se dice que en el año mil ochocientos y pico, por el Río Salado iban barcos a Santiago del Estero...pensando en eso, también podría haber ahí un puerto." (LIBARDO)

Proyecto reserva ecológica

"Allí hay que hacer una reserva ecológica, con caminos, y paseos." (INÉS)

Proyecto cívico

Un centro comunitario con salón para reuniones, un comedor, un dispensario.

Ningún proyecto

"El reservorio debe cumplir sus funciones. Las tres casas bombas que hay, no funcionan, están en el aire, tienen un pequeño pozo que no cumple las funciones. Si van hacer algo grande debe ser conservarla como reservorio mismo." (FRANCISCO)

Otro entrevistado cuestionó la idea de hacer algo allí:

"Y me vienen hablar del reservorio otra vez... porque acá dicen que hay reservorio ¿Dónde va haber reservorio?... reservorio es el proyecto que está todo en material con sus bombas tirando el agua, ése es el verdadero reservorio, no como dice el intendente... no, la gente está ahí con basura. Queda el agua porque las bombas no tienen capacidad de tirarla al otro lado (la idea del reservorio era que el agua llegara purificada pero ahora el canal esta todo tapado), se necesita que se tire el agua descontaminada y que los canales sean a cielo abierto." (LIBARDO)

De otro lado, destacan los problemas en materia de salubridad que comporta el reservorio. Los habitantes conviven con esa situación, hay un acostumbramiento, a pesar de los olores y las enfermedades (respiratorias, dermatológicas, parasitarias) que éste acarrea. Aún cuando es también un medio de subsistencia para algunos a través del *cirujeo*, se reconoce la importancia de poder rellenar, limpiar el lugar para aprovecharlo de otra manera.

El reservorio, se dice, es un lugar donde los delincuentes se esconden. Una entrevistada señaló que no conoce el reservorio, *"no va allá porque le da miedo"*.

Por último, quiero destacar, el valor afectivo expresado por una habitante:

"Para mí es hermoso el reservorio ése, yo me pongo a verlo en primavera, me encanta ver los juncos y las flores. A mí me gusta mucho el Salado, yo antes iba mucho allá a caminar, a ver el río, a mirar las piedras, a mirar el verde, antes cuando no teníamos ni televisión, ni radio, ni nada... todavía voy los domingos al Salado, como el que va a pasear a la costanera." (Norma).

Otros opinan lo contrario: *"Después de la inundación no vamos al Salado, ahora nos da miedo ver el agua, ahora hay otra forma de mirarlo."*

9. Imagen del barrio Santa Rosa de Lima

Valores

Ante la pregunta: *"Si yo digo la palabra Santa Rosa de Lima, ¿qué imagen se le viene a la mente?"* los habitantes expresaron una serie de valoraciones positivas y negativas en respuesta a la imagen del barrio.

Valoraciones positivas

VALORES DE TIPO SUBJETIVO, MÁS CONCRETAMENTE, AFECTIVO, DONDE EL ARRAIGO SE EXPRESÓ CON FUERZA:

Se le tiene cariño, amor al barrio; lo más frecuente es que se ame al barrio porque se vive o ha vivido en él, o porque se tienen amigos o familiares. Para muchos entrevistados, lo que más les gusta de Santa Rosa de Lima, es la gente. El barrio aparece como un hogar ampliado, es por ello además, por lo que la mayoría no se quieren ir del lugar a pesar de los problemas infraestructurales y sociales que tienen, así como de la inminente amenaza de las inundaciones. Existe un sentimiento de pertenencia y territorialidad que liga a los habitantes con su barrio, a los jóvenes con las esquinas, a los vecinos con sus cuadras, a las familias con sus viviendas. Relacionado con éste, otro valor destacado tiene que ver con una fuerte identificación de los habitantes es el hecho de que *"todos se conocen"*. *"Nosotros conocemos a toda la gente del barrio"*. Estos elementos hacen referencia a la vida personal, más que a la imagen urbana.

VALOR GEOGRÁFICO:

Su particular ubicación geográfica, a quince minutos del centro, en un punto equidistante de los tres hospitales, cerca de supermercados y de edificios municipales, todo lo cual convierte a Santa Rosa de Lima en un lugar eficaz, *estratégico*, que le da un status privilegiado, sumado a ello, la mayor cantidad de salidas viales. La imagen de unidad barrial es clara a pesar de las subdivisiones hechas por las vecinales.

VALORES RELACIONADOS CON LAS NECESIDADES Y LAS LUCHAS BARRIALES:

Son comunes los discursos referidos al barrio que más ha luchado, el que primero consiguió la luz y el asfalto. Es tal el orgullo identitario, que la imagen es sobrevalorada al punto que un habitante señala que el barrio *"es un modelo de vida, de lucha, de desarrollo, que podría algún funcionario copiar".* (LUCIANO)

La imagen del barrio presenta una contra imagen. En las entrevistas se evidencia no solo lo que es el barrio sino *lo que no son* los barrios vecinos, reforzando una identidad por la diferencia o el contraste. *"La mayoría nos ven a nosotros como los privilegiados. Si vas a otros barrios, ves un mayor grado de hacinamiento, más descuidados. Acá lo mínimo es que cada uno tiene su frente pintado, y en cuanto a la violencia, acá es mínimo en comparación al norte de la ciudad".* (MARIELA)

VALORES REFERIDOS A LA CALIDAD URBANA:

resaltan la limpieza, la cual se realiza en ocasiones por parte de los mismos vecinos.[15]

Valoraciones negativas

La *toponimia* da cuenta de una suerte de herencia negativa como bien lo dice una habitante: *"El comienzo del barrio Santa Rosa de Lima es negativo, la visión del barrio es negativa. Se llamó barrio La mosca, por la basura, barrio La cuchillada, por la violencia"* (CECILIA). La imagen negativa, generada desde el exterior, es una preocupación, saben que es necesario mejorarla hacia fuera, es una imagen contaminada por la inseguridad. *"Mis hermanos y yo siempre tuvimos el problema que nuestros compañeros de la Universidad no querían venir a nuestra casa".* (CECILIA)

IMAGEN DE LA CATÁSTROFE:

Inundación. Santa Rosa de Lima es para un poblador, agua: *"Este lugar es del agua"* (MIRTA)

---

[15] Es llamativa esta valoración, teniendo en cuenta que se evidencia basura amontonada en algunas esquinas del barrio, y a sabiendas del basural ubicado en la parte del reservorio.

Mapas mentales

Los mapas dibujados por los habitantes, no son un territorio objetivo con existencia física real. Tienen una existencia subjetiva y colectiva con diversos significados a través de los cuales lo objetivo es filtrado y se entremezcla con sensaciones, recuerdos, experiencias vividas, estereotipos, etc. De esta manera, estos mapas cognoscitivos, expresan no solo sus ambientes, sino también otros aspectos de los habitantes mismos y sus vidas.

Si bien, los mapas no representan una cifra significativa en términos cuantitativos (8 en total), si lo fue en términos cualitativos. Los resultados muestran un índice recurrente de los lugares más importantes del barrio, reduciéndose éstos a las instituciones de salud y educativas, ello en parte por la forma en que los habitantes se relacionan con estos elementos urbanos, considerados de importancia vital; seguidamente, la casa es el lugar de preferencia, y luego en orden descendente, la plaza y las vías; la mayoría ubican muy claramente los límites del barrio. En cuanto a la casa, es dibujada de forma destacada en su mayoría, con sus divisiones funcionales y en una escala mayor en proporción al resto del mapa. El reservorio fue dibujado solo por dos personas, a pesar de que se solicitó explícitamente colocarlo en el mapa.

Las personas al dibujar los espacios físicos expresan el contenido simbólico de éstos. En el croquis y en los comentarios de los entrevistados aparecen sus lugares habituales –aquellos que les son familiares, conocidos, cotidianos–, así como los lugares desconocidos o peligrosos. Esto se visualiza a través de los rasgos destacados (calles, escuela, hospital) de la misma manera que por la ausencia de espacios con existencia física real pero que no son dibujados, es el caso del reservorio y la plaza, con un mínimo destacamento. Los dibujos varían: los hay con gran nivel de abstracción, otros con detalle pictórico, y alguno se aventuró a dibujar el barrio de forma reticular.

En tanto existe una fuerte identificación barrial, la imagen es clara y legible aunque en muchos casos pobre. Es decir, si bien se percibe su individualidad, los elementos no expresan riqueza simbólica, tal vez las condiciones de precariedad contaminen la imagen urbana reduciendo expresividad. Hay que hacer una salvedad: los escasos niveles educacionales de los entrevistados llevaron a dibujar en algunos casos distorsiones.

Imagen que tienen los habitantes de la percepción del barrio por parte del santafecino.

La idea que los habitantes del barrio tienen sobre la imagen de los santafecinos con respecto al barrio, es la de marginalidad, generando desprecio afectivo y de mano de obra, así como falta de ayuda por parte de las autoridades. El universo social que atraviesa sus representaciones tiene dos polos: un ellos y un nosotros encadena oposiciones y alianzas, marca identidades y límites.

Percepción de integración a la ciudad.

Algunos plantean estar integrados vialmente, otros que, a pesar de existir calles, no están integrados, en tanto los colectivos no llegan al barrio, por lo cual sienten mucha discriminación. A ello se suma, que la pavimentación de la calle Mendoza con amplias especificaciones no tiene el uso esperado, como conexión importante con la avenida Circunvalación, puesto que quienes no son del barrio no la usan porque temen ser asaltados en esta calle.

Imagen del santafecino sobre el barrio

Los entrevistados –un total de quince– de diferentes edades, sectores y barrios de la ciudad de Santa Fe, quienes respondieron a la pregunta sobre la imagen que tienen del barrio

Santa Rosa, señalaron en su mayoría una imagen negativa teniendo como referente un lugar peligroso; otros, especificaron que se puede ir al barrio solo en ciertos horarios; y otros más hicieron la doble diferenciación relativa a un sector del barrio –la parte del ingreso– correspondiente a gente *"tranquila y trabajadora"*, y otro sector, el del fondo, de gente peligrosa; solo tres de los entrevistados señalaron que han estado en el barrio sin problema.

Con respecto a la pregunta sobre el parque recreativo y si lo usaría, nueve entrevistados respondieron de forma negativa: no irían, por considerarlo, podría ser un lugar peligroso (agresión física o robo); otro dijo no ir porque este lugar debería ser para los habitantes del barrio mismo; otro, señaló que no necesitaría ir por tener cerca la Costanera; y finalmente, una persona cuestionó la pertinencia de realizar este proyecto urbano en tanto existen según él, otras prioridades en el barrio. Solo dos personas, respondieron que sí irían en tanto se les garantice seguridad.

Percepción del adelante y el atrás

Las respuestas tendieron a ubicar el frente del barrio hacia la calle Mendoza y las vías del ferrocarril y el atrás hacia los ranchitos por la Avenida Circunvalación. Señalan que esta avenida no modificó el barrio en su diario vivir, pero que fue la causante de la inundación, puesto que su errónea construcción cambio el cauce del Río Salado.

Para otros, *"no interesa cuántos frentes tenga"*. Esto da cuenta de que la idea de mejorar el frente del barrio a través de una transformación de su delantera actualmente degradada es una preocupación externa al barrio.

10. Problemas más importantes del barrio

Una serie de problemas sociales derivados en parte de su situación socio-económica, tales como delitos callejeros, violencia familiar, tráfico y consumos de drogas y alcohol, son reiterados una y otra vez. Sin embargo destacaré solo aquellos que tienen que ver con la espacialidad urbana y arquitectónica.

El problema principal para muchos de los entrevistados es la falta de espacios verdes y deportivos, (un polideportivo), actualmente, se dice, hay una canchita cerca al hospital de niños en estado de abandono, y se subraya, que el problema no es de falta de espacio. La plaza donde van los niños y los jóvenes es insuficiente como espacio recreativo, y tiene deficiente equipamiento lúdico, *"no todos pueden ir a la plaza, por los problemas de violencia que hay con los jóvenes, todos sabemos que por ciertas calles no pueden cruzar, que hay códigos."* (MARIELA)

Otros le dan más importancia a los problemas relativos a la falta de desagües que provocan durante las grandes lluvias inundaciones, anegamientos y aguas estancadas. Todo ello se agrava por las napas de agua altas que generan desbordes de los pozos negros, *"los pozos negros están conectados a las zanjas y la gente usa esa agua para regar la calle en donde juegan sus propios hijos"*; la falta de cloacas en las instituciones como las escuelas, porque aunque por la calle Estrada hay un sector que tiene cloaca, la mayoría tiene la conexión a las zanjas; la falta de asfalto, de iluminación, de gas natural, en síntesis, de obras públicas. Con respecto a las basuras en el reservorio, se enfatizó la importancia de sanearlo.

También se mencionaron los problemas desempleo, la falta de vivienda, el hacinamiento. Este último, no cobra tanta importancia entre los habitantes, un cierto acostumbramiento o tal vez, modos de asumir la privacidad donde los códigos son más flexibles y, porque no, otros índices de proxémica.

La inseguridad es un problema destacado por la generalidad de la población. Otro tipo de problemas tienen que ver con la prestación de servicios, la falta de los colectivos, de ambulancias, la deficiencia en la atención en el hospital. Otros entrevistados señalaron la carencia de un salón para reuniones o bailes.

En síntesis, los habitantes del barrio Santa Rosa de Lima sienten la mayor carencia del barrio en espacios recreativos y obras de infraestructura.

11. Luchas barriales

La lucha política constituye un valor que los habitantes del barrio reconocen como propio y que les da identidad, sentido grupal e, incluso, respeto frente a los demás barrios. Es un valor histórico, puesto que fue escenario de luchas montoneras, e incluso de políticos actuales: *"La mayoría de los luchadores que son reconocidos salieron de acá: políticos y senadores que militaron acá"* (LUCIANO). Llama la atención una suerte de mecanismo de control social generado dentro de algunos grupos, que tiende a ir en contra de una ideología de resignación frente a las situaciones de carencia.

> *"Este barrio tiene una identidad grupal. Es uno de los barrios que más rápidamente se junta para los reclamos, para la lucha. Es un barrio con historia de lucha. Es altamente político también, yo siempre me planteo si es un barrio con tanta capacidad de lucha, de proyección, cómo no ha podido mejorar su condiciones de vida, uno se pregunta si es que conviene a muchos que el barrio siga en estas condiciones"* (GLADIS)

Este sentido de lucha, estas prácticas colectivas, han generado sin duda una unidad de pertenencia e identidad barrial, y por ende una diferenciación con otros barrios:

"La gente del norte no se despierta, ellos se quedan ahí en la casita, no se van a movilizar. "Alto Verde" tampoco se moviliza, en cambio nosotros somos un barrio muy movilizado, es un barrio muy luchador. La mayoría acá no piensa sólo en el plan, va y viene y se la rebusca" (MARIELA).

No obstante, a pesar de las luchas y las adquisiciones en materia urbana, estos pobladores, consideran que las posibilidades de ser envueltos por el cambio son mínimas dada su inmersión marginal en la sociedad, en la economía informal y en la consiguiente *cultura de la miseria* en que viven. Esto se evidencia en las pocas expectativas frente a los cambios urbanos y arquitectónicos. Han llegado a un punto donde las demandas ante distintas entidades gubernamentales no encuentran resolución, es el caso de las obras públicas faltantes (cloacas, espacios recreativos...) *"Esta es una provincia que hace oídos sordos a un cordón oeste que necesita urgentemente obra pública"* (GLADIS). A ello se añade una conciencia de dificultades para cualquier tipo de gestión, debido a las divisiones entre los gobiernos provincial y municipal. *"Santa Fe está muy dividido, en este momento, el gobierno provincial y el gobierno municipal no están de la mano, lo que hace que el trabajo social sea más difícil."* (GLADIS)

Hay que señalar que la mayoría de los grupos o instituciones en el barrio mantienen vínculos con algún agente político en función de beneficios concretos, se adhieren de forma generalizada al partido político justicialista, teniendo como base los beneficios que este sistema ofrece o podría ofrecer.

12. Inundación

La pérdida

Los habitantes reconocen que la ayuda se generó principalmente, en el interior del barrio mismo antes que desde el municipio o provincia. Enumeran una serie de irregularidades subrayando la carencia de una contención psicológica por parte de las autoridades. El *Ente de la Reconstrucción* (provincial) en septiembre del 2004, dispuso psicólogos, después de año y medio. Ante esta situación, la ayuda surgió de los pobladores capacitados y de instituciones que lograron de forma precaria dar este tipo de ayuda psicológica.

La falta de apoyo psicológico se evidencia en el discurso y en las prácticas de los habitantes. Ellos mismos dicen: *"Con la inundación, la gente quedó mal. En un tiempo, hace un año este barrio era el primero que salía, (en la lucha) hoy no, después de la inundación quedó chato."* (Luciano) Se evidencia el efecto debilitador de la catástrofe sobre los líderes.

La situación compartida homogenizó a todos los sectores sociales en el interior del barrio, ya que todos se encontraron ante la pérdida material y la pérdida afectiva e identificatoria relacionada con el hogar propio y la propia historia de vida. *"Teníamos arrasada nuestra identidad, habíamos perdido toda la historia, fue un golpe terrible, el agua no dio tiempo... yo perdí todos los recuerdos"* (Gladis). *"El agua se llevó los afectos"* (Carina). Luego de dos años de la catástrofe, aún se registra en algunas familias un sentimiento de desamparo y de temor, producto del impacto mismo de la situación vivida.

Los testimonios señalan trastornos psicológicos especialmente en las mujeres:

"Las personas no pueden salir de sus casas por una cuestión traumática. Las primeras personas que salen de sus casas después de la inundación son las mujeres, porque ellas son el sostén de la casa, el hogar estaba destruido, salen en busca de una reestructuración; acomodaron sus casas física y mentalmente y a sus esposos, y así, más o menos fueron acomodándose, pero el resto no pudo hacer esto. Ellos todavía se encuentran varados, están adentro y no pueden

*salir. La gente no puede salir de sus casas, no sale ni a la partici-
pación, vive acomodando, es una cuestión de la pérdida, la casa es
una cuestión de cobijo, de seguridad... "* (GLADIS)

Este hecho es corroborado por otra habitante del barrio:
*"Antes de la inundación la pasábamos con los vecinos, ahora, cada
uno en la casa"* (ALEJANDRA). No obstante evidenciamos testimonios encontrados: *"Me angustia estar adentro de la casa y prepa-
ro todo para salir a fuera y me encuentro con mis vecinos, entro para
cocinar y después salimos de nuevo."* (CARINA)

Después de la catástrofe

El esfuerzo por ordenar lo desorganizado, habla de aspectos de la realidad que son imperantes, pero más allá de ello, indica la necesidad de una reconstrucción interna. La estructura
social sufrió una alteración, un trastorno, modificando el orden de las cosas, y la vivienda fue uno de los puntos más vulnerables. Necesitan más que nunca, reconstruir un universo social propio, un terreno local propio. Actualmente la vivienda
no es segura, en la percepción e interpretación de los signos de
incertidumbre.

La población, resultante de un proceso de empobrecimien-
to socio-económico, con una inserción inestable en la estructura ocupacional, físicamente lastimada, psicológicamente en
duelo colectivo, con viviendas más precarias que antes, ha ido
poco a poco adaptándose a la nueva realidad, aunque algunas
familias tienen la inundación a flor de piel y no han podido hacer ninguna elaboración. La experiencia de la inundación generó una percepción de la incertidumbre, una concepción del
peligro, temen a la lluvia como temen a la muerte misma, presentan un pérdida y fractura de la representación del futuro,
avasallamiento emocional, vivencias de desamparo, depresión
severa, enfermedades psicosomáticas, y en algunos casos una

descontención violenta: *"La gente quedó más mala después de la inundación"*, *"la gente después de la inundación cambió, no es lo mismo, ahora somos menos tolerantes, tenemos más grado de agresión"* (GLADIS) al parecer, se ha incrementado el alcoholismo, la drogadicción, y el vandalismo; *"este barrio culturalmente era mucho más alegre, acá se escuchaba música, ahora no se escucha"*. Y por si fuera poco, a lo anterior se suma un sentimiento de resentimiento, hostilidad, bronca y desesperanza.

Expectativas

El estilo de vida de estos habitantes combina un saber vivir al día con cierto grado de fatalismo que se apoya en la larga experiencia de su destino socioeconómico, de su sentimiento de marginalidad que lleva a replegarse muchas veces y, a ello se le suma el temor a una nueva catástrofe, lo cual los hace aun más vulnerables. *"Hoy en día la gente está pensando: ¿duermo bien esta noche, o esta noche llega el agua? Es una amenaza constante"* (MIRTA). Saben que el agua busca acomodarse, sugiriendo con ello que el lugar del agua es para el agua. Aunque también se encuentran testimonios que aseguran lo contrario: *"No creo que una inundación como la que hubo vuelva a haber, cerrado el anillo... no va a haber..."* (FRANCISCO)

Las perspectivas a futuro no son claras. En tanto su energía se coloca en recuperar lo perdido es difícil hacer proyecciones mas allá de lo anteriormente conocido y experimentado. No logran tener una representación de un deseo más allá de lo perdido. Por eso una habitante dice: *"de qué proyecto me estás hablando, de qué posibilidades de vivienda cuando ni siquiera pueden recuperarse de lo perdido"*. (GLADIS)

A todo ello se le suman tensiones surgidas del choque de intereses, maneras de ver y manejar la situación por parte del gobierno municipal y provincial, los cuales evidencian capacidad de solución diferentes, confiriéndole al proceso de reconstrucción una dinámica que la traslada a la esfera de los conflictos sociales y políticos, lo cual deriva en un escepticismo y ambivalencia respecto a las acciones por parte de las autoridades en atención al desastre social.

Conclusiones

Vivienda

Si bien predomina la permanencia en la casa paterna o materna de los hijos casados, la tendencia y el deseo es a que cada hijo tenga su propia casa independiente de la de los padres, pero las escasas posibilidades económicas no siempre lo permiten. Parece ser muy importante la distribución espacial en función del linaje y teniendo en cuenta las dificultades con los terrenos a construir (inundables), los diseños de las nuevas viviendas podrían incorporar esta variable: subdivisión o ampliación.

Es importante considerar la posibilidad de no romper las redes familiares actuales que supone la familia ampliada y extensa, las cuales cumplen múltiples funciones tanto en la reproducción física como en la generación de ingresos complementarios. Al preservar esta organización espacial del linaje se preserva el sistema de herencia y tenencia de la tierra.

En las entrevistas no se detectó el problema del hacinamiento como un aspecto grave a resolver, lo cual hace pensar en la variabilidad del concepto de "calidad del entorno" (Rapoport, 1974). Enfatizan más los problemas relativos a los materiales, la estructura e infraestructura.

Las habitaciones al interior de la vivienda deberán estar separadas, no así la cocina-comedor. El baño, en el mejor de los casos, estará integrado a la vivienda, y debería tener los artefactos completos.

Las nuevas viviendas deberán contemplar espacios para el trabajo familiar: talleres, salas de reuniones. Estos, cuando existen, se localizan al lado del patio o en un galpón aparte.

El valor de la vivienda reside en los materiales y en la espacialidad. No existe un modelo o estereotipo de vivienda, un imaginario, más allá de los chalets.

La vivienda deberá construirse *"con la cota real de la ciudad, no más bajos, nosotros acá estamos más bajos que la calle."* (LUCIANO)

En tanto las relaciones de la vivienda hacia el exterior se centralizan en la vereda, lugar con alta valoración, no sería conveniente construcciones en altura pues romperían una suerte de territorialidades —escenario vital— llegando a provocar desorden, conflicto o debilitamiento de importantes contactos sociales.

La construcción de las viviendas es algo más que una simple actividad técnica o económica. En el barrio se trata de una cooperación que genera redes de obligaciones, de solidaridad, etc., razón por la cual, deberá respetarse esta tradición al contratar a expertos pagados.

Barrio

La significación que los habitantes le dan a la vereda es fundamental en la vida del barrio. Inclusive, así hubiese espacios recreativos, los habitantes no dejarían de usarla y darle valor cultural. La vereda es parte de su propia vivienda y, como tal, les da identidad personal y familiar.

El sentido de pertenencia al barrio es tan fuerte que la mayoría de los habitantes no se quiere ir, ni si quiera se permiten la posibilidad de una rezonificación.

Idea de progreso

Se centra en la mejora de sus viviendas (ampliaciones, cambio de techo, piso, etc.) y a un nivel barrial, en la implementación de obras públicas y espacios recreativos. No obstante, entre algunos pobladores, estas expectativas chocan con un escepticismo propio de sus largas experiencias como individuos y habitantes del barrio frente a las políticas municipales.

Las perspectivas a futuro no son claras, en tanto su energía se coloca en recuperar lo perdido, es difícil hacer proyecciones mas allá de lo anteriormente conocido y experimentado, no logran tener una representación de un deseo más allá de lo perdido. Por eso un poblador dice: *"de qué proyecto me estás hablando, de qué posibilidades de vivienda, cuando ni siquiera pueden recuperarse de lo perdido"* (GLADIS).

Reservorio

El uso recreativo fue el más señalado, además de otros como lugar de vivienda, o comercio e industria.

Un saneamiento ambiental implementaría la posibilidad de la urbanización.

Cambiar el uso cultural de basurero (al interior y al exterior de barrio) que ha tenido el reservorio desde sus inicios, y que genera a su vez empleo ("cirujeo"), es una tarea difícil.

Unos pocos preferirían dejarlo como reserva natural.

El reservorio tiene una connotación negativa para los habitantes fuera del barrio (inseguridad, resguardo de *"malvivientes"*).

Si se tiene en cuenta que el barrio está construido en un valle de aluvión, a un nivel casi igual al del río, ¿conviene un proyecto de construcción de viviendas lacustres en proximidades del río?

Si existen probabilidades de nuevas inundaciones, y esta es una zona con *restricciones severas*, habría que impedir que se siga construyendo en el lecho del río (barrio), haciendo un trabajo educativo que desaliente el crecimiento del barrio, informando y concientizando a los habitantes del nivel de riesgo que se tiene al vivir allí.

Otra posibilidad es retomar la experiencia vivida en el 2003 y generar un catálogo con especificaciones para la construcción y reconstrucción de viviendas anti-inundación.

Bibliografía

Fuentes Primarias

- Entrevista a funcionarios de la municipalidad de Santa Fe
- Entrevista a grupo CANOA (ONG)
- Entrevistas a habitantes del barrio Santa Rosa de Lima
- Entrevistas a habitantes de la ciudad de Santa Fe
- Mapas mentales
- Fotografías
- Charla con el arquitecto Rómulo Pérez sobre la amenaza hídrica en el río Salado.

Fuentes Secundarias

BERCÚN, Rodrigo: *IP Unidades habitativas de bajos recursos para zonas de riesgo de inundación en Santa Fe.* Informe de avance de beca estímulo.

CANOA, Cooperativa de trabajo Interdisciplinario: *"Santa Rosa de Lima, crecimiento urbano".* Santa Fe, 1999.

MORÍNIGO, José Nicolás: *La vivienda y el barrio como espacio de relaciones sociales.* En: Ciudad y vivienda en Paraguay. p. 22.

RAPOPORT, Amos: *"La ecología de la vivienda"*, en *Aspectos de la calidad del entorno*. Gustavo Gili, Barcelona, p. 120.

SARQUIS, Jorge: *La investigación proyectual en los barrios Santa Rosa de Lima y 12 de Octubre de la ciudad de Santa Fe. Los Programas complejos.*

2. Psicología Social y Arquitectura

TERESA OLIVERI

Síntesis de las encuestas a las Instituciones

Las tres instituciones que fueron entrevistadas manifiestaron trabajar con el barrio y sus vecinos: *Quo Vadis?* sobre prevención y acompañamiento en adicciones, el *Centro Integral de Atención al Menor Especial* del Barrio Roma y la escuela pública *Monseñor Zaspe* —esta última realmente conocedora de los problemas de la gente y de las necesidades del barrio—, describen como nace el barrio desde que era un basural y los bañados hasta el presente. Recuerdan que una cooperativa de padres cirujas quiere tener una escuela para los chicos del barrio que son sistemáticamente expulsados de otras escuelas. La gente viene a la escuela a pedir asesoramiento legal, remedios, comida, etc. Está construida a la altura de la cota que tendría que tener el barrio, por lo tanto cuando llueve le genera problemas al mismo, ya que no hay zanjas y hace de terraplén interno. Lo mismo que el asfalto, que está elevado, ocasionando inundaciones con cualquier lluvia por el desborde de las zanjas. Está ubicada al final del barrio, en el bajo, y los terrenos de alrededor son bañados por los cuales sólo se circula con botas porque las napas freáticas están en la superficie, siendo un foco más de infección para la población y de aislamiento, porque no todas las calles tienen salida fuera del barrio. Detectan la edad de los niños y niñas (alrededor de los ocho años) iniciados en la droga, lo que resulta un flagelo casi imposible de combatir. Cuentan que la gente quiere superarse y terminar la escuela secundaria, así que este año comienzan con ese proyecto. Además le piden una carrera terciaria con orientación sociológica, *"la gente quiere saber qué le paso y qué le pasa"*. Llevarán adelante un Proyecto de Murga *"que servirá no solo para moverse y tocar un tambor sino para expresar lo que nos pasa"*.

Análisis del Taller *Barrio vivido, barrio deseado*

Se realizó una reunión en el patio del Centro Comunitario, con las consignas de dibujar el barrio y hablar de los lugares más importantes para cada uno. Los grupos, las organizaciones, las distintas formas de la sociedad humana nacen con la necesidad universal de asociarse, de juntarse y compartir. Recordando el primer vínculo con nuestra madre que sirve de modelo en la adultez para relacionarse y comenzar el proceso de socialización, encontrarse con los semejantes para poder integrarse a ese juego de encuentros y reencuentros en el que todos están comprometidos.

En este grupo aparece como líder Mariela quien además es fundadora del Centro Comunitario, fundado en su casa y ahora con sede propia. Ella es la que convoca a este taller.

Cada participante establece sus lugares más importantes. A la reunión llega una señora de Santo Tomé, que viene de visita, y a la cual Pachi insiste que *"no tiene que estar aquí porque es de otro barrio*". Pachi también lidera una parte del grupo, y se enfrenta a Mariela cuando discuten algunas consignas. Mariela nos dice que la Av. Circunvalación tiene importancia porque ella es piquetera y es una vía de comunicación importante con la ciudad. La fuerza de pertenencia de Mariela con el grupo y el barrio es muy marcada, y está en relación directa con el monto de dificultades que tuvo que vencer con respecto a la gran inundación y su *"corte de ruta y exigencias de detonar la avenida para desagotar todo el barrio"*. Todas coinciden en el atrás como la Av. Circunvalación, y el adelante del barrio como la calle Mendoza y las vías. Y también en la inseguridad que van teniendo actualmente *"porque se rompen códigos, antes no se robaba en el barrio"*. Marcan que necesitan más limpieza en el barrio y el zanjeo, además que de noche es muy oscuro y *"da miedo caminar por el barrio"*. Se quejan del Hospital que *"los turnos hay que ir a buscarlos desde muy de madrugada y aunque llueva te dejan haciendo cola afuera"*. De la falta de medicación y que la farmacia del hospital debería extender su horario de atención. Ratifican la buena ubicación del barrio (*"estamos a quince cuadras del centro"*) pero, a pesar de la cercanía con la ciudad, se sienten abandonados por las instituciones, las empresas de colectivos y de video cable porque no quieren entrar a dar el servicio correspondiente. Hay varias quejas sobre las autoridades, los agentes municipales, las cajas de comida que reciben, etc. Cuando se les pregunta cómo imaginan el borde, lo ubican con fábricas, casas, plazas, polideportivos, etc. Afirman que la Av. Circunvalación está mal hecha y quieren que la arreglen. Ven al barrio como a su vida misma, con un sentido muy alto de afiliación y pertenencia. El grupo completo no quiere mudarse del barrio, en una intrincada red de afiliaciones que les proporciona seguridad y por la cual elevan su autoestima transmitiendo *"una buena imagen del barrio"*. Pero esta afiliación al grupo y al Centro Comunitario es un primer impulso a un sentimiento de pertenencia con el mismo y al grupo que componen. Hay relatos de modificaciones de comportamiento, de capacitación a través de talleres de pintura en tela, de cambios gratos dentro de tanta indiferencia social que sufren por parte del Estado.

> *Aunque mucho haya cambiado*
> *y aunque mucho nos quebrante,*
> *hay que ver lo realizado*
> *y empujar para adelante.*
> *Hoy en día priva el mercado*
> *con sus especuladores,*
> *y las bolsas de valores*
> *son el ámbito sagrado.*
> *Pero aunque hoy sea relegado*
> *quien sueñe, imagine o cante,*
> *y hoy sea la vida el instante*
> *vinculado a las finanzas,*
> *sobrevive la esperanza,*
> *aunque mucho nos quebrante.*
>
> (FRAGMENTO DE UNAS DÉCIMAS HUAPANGUERAS DE GUILLERMO VELÁSQUEZ B., OCTUBRE DE 1993)

Encuestas realizadas a los habitantes de Santa Rosa de Lima.

¿USARÍA EL PARQUE RECREATIVO AL LADO DE LOS RESERVORIOS DE AGUA?

De 16 habitantes del barrio encuestados, 10 contestaron que no lo usarían y solo 6 respondieron afirmativamente.

¿QUÉ MEJORAS HARÍA EN SU VIVIENDA?

De 16 habitantes del barrio encuestados, 6 construirían un primer piso, 5 ampliarían la casa, 3 realizarían un techo de loza y 2 colocarían pisos de cerámicas.

¿Cuáles son los espacios más usados de la casa?

Seis personas respondieron que era el patio, otras seis la vereda como el lugar más utilizado, una sola la cocina y tres el comedor. Ninguna respondió al dormitorio como ese lugar.

¿Cuáles son las prioridades del barrio?

Ocho personas respondieron que la seguridad sería prioridad, tres la limpieza del barrio, dos el zanjeo, otras dos los colectivos y solo una respondió el tendido de cloacas. El alumbrado público, la red de gas natural, la recolección de residuos y la realización de calles asfaltadas no fueron consideradas como respuestas posibles.

¿Qué lugar le falta al barrio?

Plaza con juegos infantiles: 5 personas.
Espacios verdes: 1 persona.
Un Polideportivo: 4 personas.
Un Salón de Usos Múltiples: 2 personas.
Actividades culturales: 2 personas.
Pileta de natación: 2 personas.

Respecto a si usaría el Proyecto Espacio Verde, el 87% de los encuestados contestó que no lo usaría, y solo el 13% dijo que le interesaría usarlo. Esta pregunta fue realizada a ciudadanos santafesinos en general, y no del barrio Santa Rosa de Lima en particular.

III.
Concurso
de
Anteproyectos

Nuevas arquitecturas para el hábitat en áreas inundables
III Concurso Nacional de Ideas de Arquitectura [13]

El III Concurso Nacional de Estudiantes fue organizado por el Centro POIESIS, perteneciente a la Secretaría de Investigación de la FADU / UBA, con la colaboración de la cátedra del Arq. Julio Arroyo de la FADU de la Universidad Nacional del Litoral en Santa Fe, y la Revista "Matéricos Periféricos", juntamente con las Cátedras de Proyecto Arquitectónico de la FAPYD de la Universidad Nacional de Rosario. Estas entidades invitaron a los estudiantes de arquitectura a nivel nacional e internacional que se encontraban cursando los dos últimos años de la carrera, a participar del Concurso Nacional de Ideas de Arquitectura Urbana, sobre nuevas Unidades Habitativas y su organización espacial pública, que ya no albergan sólo las estructuras de las familias tradicionales, sino a otras Unidades de Convivencia, tal como denominamos a los nuevos modos de agruparse para convivir, especialmente para modos de habitar en la emergencia ambiental y social.

---

[13] Realizado para estudiantes de arquitectura sobre el tema: Unidades Habitativas de bajos recursos en zonas de riesgo para la Ciudad de Santa Fe.

El concurso estuvo abierto desde el 15 de agosto hasta el 1º de noviembre de 2003, día de entrega de los trabajos, luego de lo cual el jurado falló los premios y menciones honoríficas.

Los premios consistieron en becas completas en cualquiera de los Programas, Carreras, o Maestrías, de la Escuela de Posgrado de la FADU-UBA, y de las Facultades de Arquitectura de Santa Fe y Rosario. Se incluyeron pasantías con arquitectos argentinos de prestigio y con estudios de arquitectos españoles. De igual modo se tramitaron becas de estudio y de posgrado en el exterior.

La inscripción fue libre y gratuita, y la participación en el concurso garantizó la inclusión del trabajo presentado en las exposiciones del mes de noviembre que el Centro POIESIS efectuó para ese exclusivo fin, en la FADU-UBA; en las FADU de la UNL y UNR de Santa Fe y Rosario, y en la Sociedad Central de Arquitectos de Buenos Aires.

El Centro POIESIS celebró con este concurso, entre otros eventos, los 25 años del comienzo de sus actividades en 1978. Perteneciente al área de la SICyT/FADU-UBA, ha estado abocado, desde su creación en 1978, al estudio del proyecto arquitectónico en tanto que herramienta de producción de conocimientos en arquitectura. Las indagaciones específicas del Centro están articuladas con la actividad pedagógica tanto en los niveles del grado, como del posgrado. En este marco, la convocatoria al Concurso formó parte de un esfuerzo por verificar en el nivel de la acción proyectual concreta algunas de las hipótesis sobre las cuales el Centro POIESIS viene trabajando desde sus inicios. Se pretendió profundizar el conocimiento de la complejidad proyectual y la valoración crítica de las propuestas presentadas tanto en forma individual y particularizada, como general y abarcativa. El Centro confía en que el concurso de ideas constituye una modalidad que ofrece mayores y mejores posibilidades de conocimiento tanto desde la perspectiva del participante como desde las entidades que la promocionan.

Sumados los riesgos por inundaciones pluviales y fluviales, estas áreas marginales deben ser consideradas como muy vulnerables desde el punto de vista ambiental, físico y social, habiendo estado su desarrollo siempre condicionado por estar amenazadas. De hecho, esto ha afectado los múltiples componentes (equipamientos, edilicia) y sistemas de servicios (cloacales, pluviales, eléctricos, de gas, teléfonos, etc.) de los que depende la supervivencia en estas tierras.

Esta situación de riesgo, que en ocasiones deriva en una crisis excepcionalmente aguda como la recientemente sufrida, se ha transformado en una componente de la vida cotidiana que contribuye a la precarización general de estas áreas y revierte en un bajo nivel en la calidad de vida, especialmente en lo que se refiere a todos los soportes físicos del habitar.

Se convocó a la elaboración proyectual del espacio doméstico y comunitario o público en áreas de recursos medios y bajos afectadas por las inundaciones en la Ciudad de Santa Fe, a pensar nuevas Unidades Habitativas que, como resultado de una nueva concepción del mundo en esta situación de pobreza, determinen un producto perteneciente a la cultura material contemporánea de nuestro país.

Primer premio

GALLI - SACCANI (Estudiantes de la Facultad de Arquitectura de la Universidad Nacional de Rosario, Argentina)

"Hacerse eco de las necesidades de todo momento. No solamente de las momentáneas...

Proyectar un lugar que responda a las exigencias del día a día y de los días especiales... ese es nuestro principal objetivo.

Nos encontramos con una población inestable, con insuficiencia parcial social y económica. Aún sin poder expropiar la problemática decidimos no situarnos sobre un espejismo de lo verídico.

No desechar esta realidad que se nos presenta, muy por el contrario decidimos hacerla partícipe, hacerla Huésped del proyecto. Formar parte del engrudo y saber dónde situar las huellas de la reactivación es nuestro desafío proyectual. Luego de la catástrofe sometida por las aguas del Río Salado, reapareció el barrio con sus calles, sus costumbres y necesidades. El barrio con sus generalidades le gana otra partida a la inundación, no así a la desesperación que con ella aconteció.

Por tal motivo decidimos dotar al barrio de una Batería de Funcionalidades, esencialmente importantes, y carentes

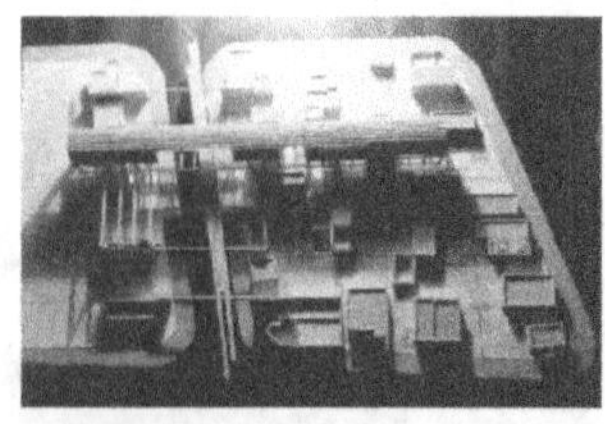

actualmente. A su vez, en épocas de inundación estarán capacitadas para recepcionar y satisfacer las nuevas exigencias que se presenten.

El proyecto tiene un programa estable que variará en cada una de las cinco manzanas intervenidas y formará en conjunto un plan de reactivación de servicios comunes que son de carácter emergente sobre el área. Se proyectaron talleres escolares, vecinales, gimnasio, comedores comunitarios, etc.

A su vez, este proyecto actúa como una "Prótesis" emergente e inmanente, como un salvavidas puesto al hombro de la arteria de la intervención. Se sitúa con decisión y carácter sobre una condición que emerge de lo sensible."

Segundo premio
MILITELLO, VASTA (Estudiantes de la Facultad de Arquitectura de la Universidad Nacional de Buenos Aires, Argentina)

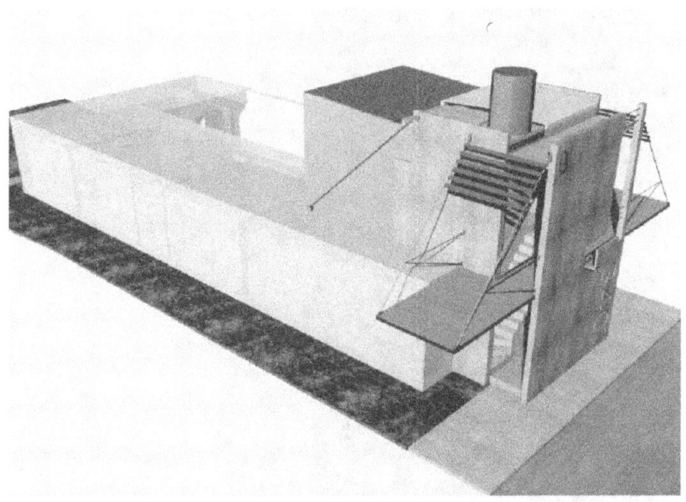

Tercer premio

RUBEN EGIDO LOPEZ, GÁDOR LUQUE MARTINEZ, JOSÉ PERTEJO GARCÍA, VÍCTOR QUIRÓS QUIRÓS (Estudiantes de 5° curso de la Escuela Técnica Superior de Arquitectura de Alcalá de Henares, España)

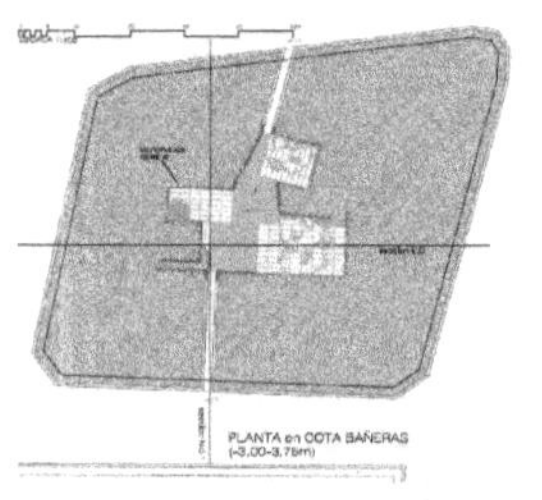

PLANTA en COTA BAÑERAS
(-3.00-3.75m)

PLANTA en COTA TARIMA
(+0.87m)

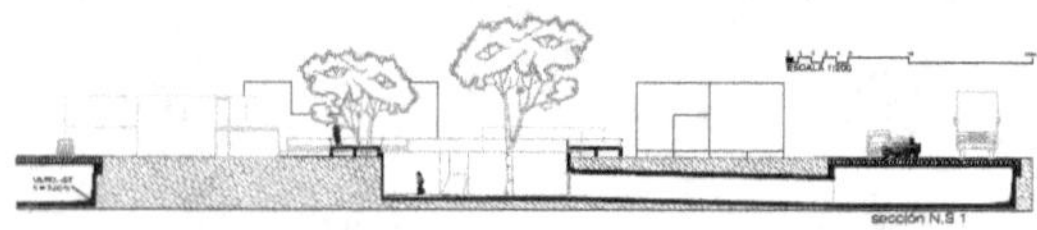

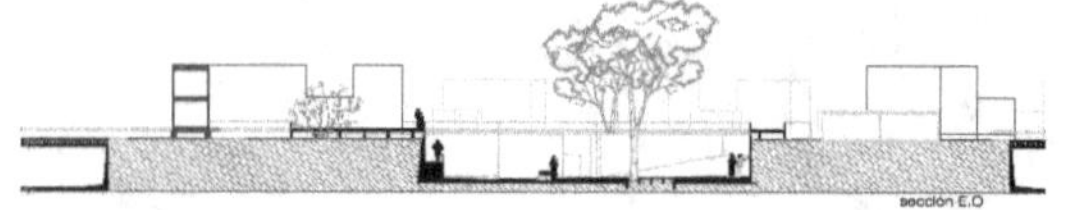

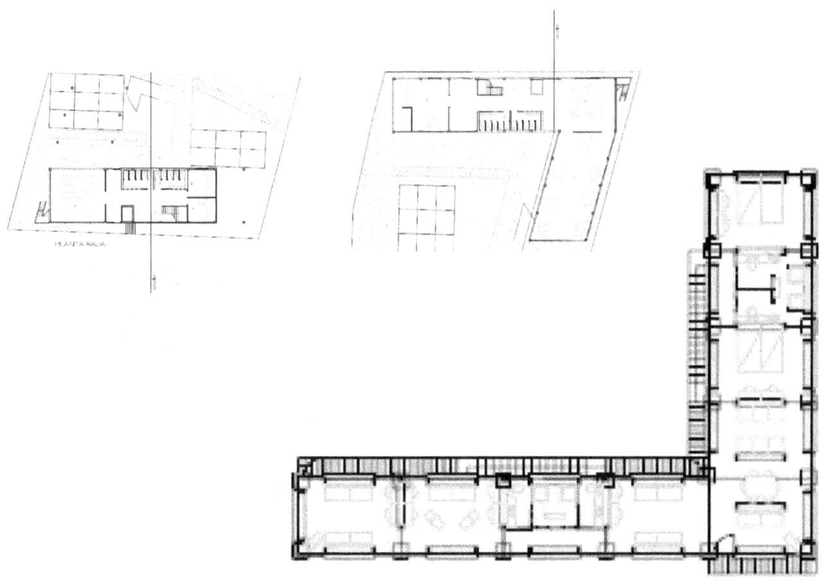

"Tramas, imágenes, secuencias, diagramas que nos invaden
constantemente en el auto, en la calle o en casa.
Funcionalidad - estética - tectónica configuran modos de habitar, personalizando y construyendo un entorno propio, que optimice y rentabilice sistemas de cooperación parcial y global.
Los escalones urbanos han perdido su significado, un barrio
ya no se reconoce desde el nivel familiar, uno ya no conoce a
su vecino ni a la del cuarto. Configuran valores que desde
nuestra propuesta queremos enfatizar, partiendo de las relaciones nucleares entre padre-madre-hijo-agregado, pero trasladando el concepto de crecimiento a un sistema parcial, tanto
en la unidad de convivencia como en los mecanismos de evacuación del agua, globales por necesidad de funcionamiento a
escala de barrio y extrapolables a una ciudad entera.
Quedó demostrado en las vanguardias de principios del siglo XX, que la variable del color es un factor imprescindible

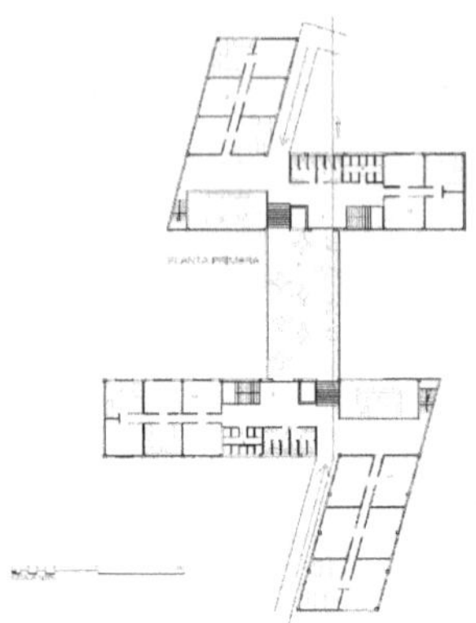

en el comportamiento de los seres vivos. Interpretar este factor, implica adquirir sus connotaciones; no podemos llegar a una estética resultante, vacía de significado. En nuestro discurso es imprescindible el agua como concepto, forma y material; pero no como una limitación, sino como un condicionante más, quizás el más determinante. Su presencia es constante en el desarrollo del proyecto, desde una perspectiva positiva, en la que potenciamos la visualización de la misma en su presencia, y la utilización de su espacio en su ausencia. Presente o no, pensamos en agua, lo que nos configura en última instancia la estética-tectónica-funcionalidad del lugar, siendo el elemento a desarrollar y urbanizar, adaptando su componente negativa y redefiniéndola.”

www.ingramcontent.com/pod-product-compliance
Lightning Source LLC
Chambersburg PA
CBHW070629150726
48193CB00005B/225